TAKASHI MORITA

A última mensagem de HIROSHIMA

O que vi e como sobrevivi à bomba atômica

São Paulo
2023

Copyright © 2017 by Universo dos Livros
Todos os direitos reservados e protegidos pela Lei 9.610 de 19/02/1998.

Nenhuma parte deste livro, sem autorização prévia por escrito da editora, poderá ser reproduzida ou transmitida sejam quais forem os meios empregados: eletrônicos, mecânicos, fotográficos, gravação ou quaisquer outros.

Diretor editorial: **Luis Matos**

Editora-chefe: **Marcia Batista**

Assistentes editoriais: **Aline Graça e Letícia Nakamura**

Preparação: **Alexander Barutti**

Revisão: **Giacomo Leone Neto, Geisa Oliveira, André Lopes Loula e Denise Bertola**

Arte: **Francine C. Silva e Valdinei Gomes**

Capa: **Zuleika Yamashita**

Fotógrafo: **Leandro Asai**

Colaboração: **Yasuko Saito e Tetsuji Morita**

Dados Internacionais de Catalogação na Publicação (CIP)
Angélica Ilacqua CRB-8/7057

M851u
    Morita, Takashi
    A última mensagem de Hiroshima: o que vi e como sobrevivi à bomba atômica / Takashi Morita; – São Paulo: Universo dos Livros, 2017.
    152 p.: il., color.

    ISBN: 978-85-503-0114-3

    1. Morita, Takashi, 1924 – biografia 2. Guerra Mundial, 1939-1945 - Japão - Hiroshima 3. Hiroshima (Japão) - Narrativas pessoais I. Título

17-0401   CDD 940.5426

Universo dos Livros Editora Ltda.
Avenida Ordem e Progresso, 157 – 8º andar – Conj. 803
CEP 01141-030 – Barra Funda – São Paulo/SP
Telefone: (11) 3392-3336
www.universodoslivros.com.br
e-mail: editor@universodoslivros.com.br

- SUMÁRIO -

	Prefácio	5
um	A vida antes da guerra	11
dois	Abandonando as brincadeiras de criança	19
três	Experiências no Exército	29
quatro	Ingresso na Polícia Militar	43
cinco	O dia 6 de agosto de 1945	53
seis	O primeiro ataque atômico da História	67
sete	A vida pós-bomba atômica	75
oito	O retorno para casa	87
nove	O recomeço no Brasil	101
dez	Associação Hibakusha Brasil pela Paz	123
onze	A história de Sadako e o *tsuru*	141
	Epílogo	145
	Carta de agradecimento	149

- PREFÁCIO -

Quantas vidas foram perdidas em decorrência da Segunda Guerra Mundial? Quantas famílias sofreram? Quantas crianças ficaram órfãs? Quantos sonhos foram destruídos? De que vale ser o vencido ou o vencedor quando seres humanos são dizimados? Pode ser desolador chegar à conclusão de que, para muitos líderes estadistas, a vida humana vale menos do que um objetivo econômico, político ou, ainda, racial.

A Segunda Guerra Mundial foi um conflito sangrento e avassalador, que envolveu o mundo inteiro e mudou a vida de milhões de pessoas. A cada dia que passa, descobrimos novas histórias. Relatos tristes, cruéis e muitas vezes indigestos. Mas essas narrativas não podem parar apenas nos pesadelos reminiscentes de quem um dia as vivenciou. A história precisa ser contada. Precisamos passar adiante tudo o que aconteceu para que possamos compreender a dimensão desse conflito não só em contextos históricos, mas principalmente no sentido humano. Precisamos continuar lutando para que nenhum outro ser humano sofra ou perca sua dignidade para a ganância, a intolerância ou mesmo para a ignorância de alguns poucos.

Muito já foi revelado sobre a dicotomia Aliados *versus* Eixo. Também conhecemos razoavelmente os horrores do Holocausto e as consequências que regimes totalitários como o de Hitler podem ter na liberdade e no destino do ser humano. Sabe-se que os japoneses, sob o regime do imperador Hirohito, lutaram ao lado de ditadores como Hitler e Mussolini. Mas será que a história pode ter outro ponto de vista? Qual era a visão e a real dimensão dos japoneses acerca desse conflito? Quais foram as consequências das duas bombas atômicas detonadas em Hiroshima e Nagasaki – que colocaram fim à Segunda Guerra Mundial, mas arrasaram milhares de vidas? Vejo em minha frente imagens pós-bombas atômicas e não consigo encontrar motivos para comemoração, meu coração quase cessa de bater por um segundo. Mergulhar nessa história é a razão de minha insônia quase todas as noites, mas sigo em frente pelo propósito maior da conscientização.

É impossível tentarmos compreender os fatos, ou os seres humanos, sob uma ótica em preto e branco, dividindo todos entre o bem e o mal. Como posso julgar a história dos japoneses sem conhecê-los em profundidade? Sem compreender melhor sua educação, seus valores ou seu modo de ver a vida? Sendo assim, este também é um livro que nos faz entender a necessidade urgente de empatia entre os homens. A capacidade essencial de nos colocar no lugar do outro.

Um projeto muito especial para mim foi o livro *Eu sobrevivi ao Holocausto – O relato de uma das últimas amigas vivas de Anne Frank*, de Nanette Blitz Konig, que, assim como o livro que você tem em mãos, é uma história de superação, sobrevivência e coragem. Rogério Nagai, ator e diretor de teatro, foi um entre vários dos leitores que me procuraram para saber um pouco mais sobre a história da Nanette. Durante nossa conversa, Rogério me contou que conhecia outro personagem da Segunda Guerra, mas do lado japonês, e sobrevivente da bomba atômica de Hiroshima. Tocada por essa história que mais parecia um filme de terror, fui ao encontro do senhor Takashi Morita.

Na porta de sua mercearia em São Paulo, esse simpático senhor me recebeu com um sorriso extremamente sincero, sua marca registrada. Franzino no alto de seus 95 anos, porém extremamente lúcido e ágil, era difícil imaginar que um senhor tão gentil e amável pudesse ter passado por tamanho sofrimento. Naquele momento, já me

- Prefácio -

questionei: de onde esse senhor aparentemente tão puro tirou forças para superar o insuperável e reconstruir sua vida? Era o mês de junho de 2016 e ali começou a se esboçar este livro.

Membro do Exército Imperial do Japão, o senhor Morita sobreviveu a inúmeros perigos de morte além da bomba atômica de Hiroshima. Todavia, é a bomba atômica e os horrores que ele passou naquele dia que não saem de sua memória mesmo após setenta anos do ocorrido. Ouvindo os relatos do senhor Morita e as consequências desse dia tão cruel, senti um enorme vazio no peito por perceber a dimensão do sofrimento e da discriminação que aquele senhor e tantos outros sobreviventes tiveram de suportar. Logo percebi que, assim como Nanette, o senhor Takashi Morita passava por cima de suas dores e seus pesadelos para que a história não fosse esquecida e, principalmente, repetida.

Além do senhor Morita, pude conversar com outros dois sobreviventes de Hiroshima: senhora Junko Watanabe e senhor Kunihiko Bonkohara. A senhora Watanabe tinha apenas 2 anos no dia 6 de agosto de 1945, dia em que a bomba atômica fora detonada em Hiroshima. Estava a 18 quilômetros do epicentro, não tendo queimaduras em seu corpo, mas sofrendo as consequências da chuva ácida. O senhor Bonkohara tinha 5 anos e estava no escritório do pai, a apenas 2 quilômetros do epicentro. Ao contrário da senhora Watanabe, o senhor Bonkohara jamais esqueceu as cenas que viu quando o pai o pegou pela mão em meio aos destroços para procurar a mãe e a irmã, que não estavam com eles no momento em que tudo desmoronou. É assustador e angustiante ouvir o relato do senhor Bonkohara e imaginar uma criança de apenas 5 anos procurando pela mãe em meio a uma cidade arrasadoramente destruída e rodeada por uma multidão de cadáveres espalhados pelo chão e de pessoas feridas que lutavam pela sobrevivência. Com os olhos marejados, ele confessa que nunca soube o que aconteceu com sua mãe e irmã e que, apesar de extremamente assustado, não chorou naquele dia, tamanho o trauma que vivenciou.

Em Nagasaki, vidas também foram dilaceradas em decorrência da bomba atômica, e tive oportunidade de conhecer um dos sobreviventes. O senhor Yoshitaka Sameshima é filho de imigrantes japoneses e nasceu em 1928, em Bauru, no Estado de São Paulo. Ele morou até os 11 anos no Brasil e então foi enviado à província de Kagoshima, origem de sua família, para estudar. Aos 15 anos, decidiu se alistar no Exército para lutar pelo Japão na Segunda Guerra. Essa decisão quase foi sua sentença de morte.

Com apenas 17 anos, o senhor Sameshima era membro da Marinha japonesa e estava em um navio no Mar da Coreia no dia 9 de agosto de 1945. O navio deveria chegar a Nagasaki às onze horas, mas, em decorrência de uma falha técnica (ou, talvez, da providência divina), a embarcação parou no mar durante trinta minutos. A bomba foi detonada quando ele e toda a tripulação ainda estavam no navio, e eles puderam ver o acontecimento de longe. Para não serem atingidos pela radiação, ficaram alguns dias reclusos na embarcação e só depois disso puderam entrar na cidade para ajudar as vítimas. Mesmo vivenciando todo o horror da guerra, o senhor Sameshima não abandonou o Japão. Ele voltou para o Brasil apenas em 1960, já com esposa e dois filhos. Por temer rejeição ou preconceito por parte da mulher, só revelou que era um *hibakusha* (sobrevivente da bomba atômica) em 2007. Assim como a senhora Watanabe e o senhor Bonkohara, ele é membro da Associação Hibakusha Brasil pela Paz, fundada por Takashi Morita em 1984.

Por essas e outras histórias, afirmo que este livro é uma lição de vida. Conhecer o senhor Morita é aprender mais sobre o que é "ser" humano e sobre o potencial que todos temos de amar e superar dificuldades. Ouvir suas palavras sobre a importância do perdão, apesar de todo o horror vivido na guerra, também é ter esperança no futuro. Mesmo com a tristeza que sinto pela dor que o senhor Morita

- Prefácio -

e tantos outros japoneses vivenciaram, fico honrada por fazer com que este relato tão emocionante não caia no esquecimento. Infelizmente, a história do homem se dá até hoje por meio de guerras. Apesar de distante, o assunto é extremamente atual e nunca deve ser esquecido. Espero que as lembranças traumáticas contidas aqui sirvam de reflexão em prol da liberdade e da tolerância. Como disse Haruki Murakami:

> "E quando a tempestade passar, na certa lhe será difícil entender como conseguiu atravessá-la e ainda sobreviver. Aliás, nem saberá com certeza se ela realmente passou. Uma coisa, porém, é certa: ao emergir do outro lado, você já não será o mesmo de quando nela entrou. Exatamente esse é o sentido da tempestade."

Marcia Batista
Editora-chefe da Universo dos Livros

- um -

A VIDA ANTES DA GUERRA

Eu vejo minha sobrevivência como um milagre. Chegar aos 95 anos sofrendo o que eu sofri, certamente, é um privilégio que me foi concedido. Ao longo da minha vida, estive diante dos piores atos que um ser humano pode cometer contra um semelhante. Os momentos de maior angústia serviram apenas para que eu compreendesse o que não desejaria nem a um inimigo. Ou melhor: aprendi que nunca mais deveria pensar em alguém como um inimigo. A lógica da guerra não dá espaço para a dignidade humana.

> Aprendi que nunca mais deveria pensar em alguém como um inimigo.
> A lógica da guerra não dá espaço para a dignidade humana.

Foram muitas as coincidências felizes que me possibilitaram estar aqui e contar minha história. Apesar das dificuldades que todos passamos, creio que não valha a pena endurecer o coração e maldizer a vida. Escolhi fazer jus à honra de estar vivo. Sei que sobrevivi para compartilhar com o mundo reflexões a respeito de como a insanidade de uma guerra é capaz de destruir cidades inteiras em segundos. Foi assim em Hiroshima: de uma hora para outra, não sabíamos se a cidade havia sido transferida para o inferno. Aliás, talvez tenha sido isso mesmo o que aconteceu.

Cerca de vinte anos antes da guerra, meu nascimento foi apenas uma prévia de que a vida não seria tão fácil. A primeira barreira que precisei vencer foi respirar pela primeira vez logo que nasci. Eu já nasci sobrevivendo à morte, pois fui dado como morto assim que vim ao mundo.

Era 2 de março de 1924, na vila de Sagotani, interior da província de Hiroshima. Na casa da família Morita nascia o quinto filho de Matsuemon e Torano: Takashi. O parto transcorreu com muitas complicações. Eu estava mal posicionado dentro do ventre de minha mãe, o que dificultou a conclusão do trabalho da parteira. Na esperança de salvar a mulher, pois já acreditava ser impossível salvar a criança, a parteira chamou o único médico da vila, o doutor Okamoto.

> Foi assim em Hiroshima: de uma hora para outra, não sabíamos se a cidade havia sido transferida para o inferno.

Após conseguir me retirar do ventre de minha mãe, o doutor Okamoto deu seu trabalho como cumprido. O próprio médico estava descrente de que eu poderia sobreviver. Eu, entretanto, não entregaria os pontos tão facilmente.

Como eu não respirava, o doutor Okamoto considerou que a criança tinha nascido morta, me enrolou em um pano e me pôs longe de minha mãe. Talvez eu tivesse morrido ali. Foi nesse momento, porém, que alguém salvou a minha vida.

Matsuemon Morita, meu pai, que tinha acompanhado o parto de seus outros filhos nos EUA, queria saber do estado da esposa e conhecer o filho, então entrou de repente no quarto e foi até mim. Ao ver que eu não respirava, ele me pegou pelos pés com uma das mãos e com a outra deu palmadas no meu bumbum. E eu, que até então não

- A VIDA ANTES DA GUERRA -

respirava, chorei pela primeira vez. Nesse momento, a vida mostrou que não havia desistido de mim. Ainda bem.

Assim era o meu pai: prático em tudo. Ele era o quarto filho de um lavrador. Ainda na adolescência, como muitos japoneses após a abertura do país no início da Era Meiji, seguiu para os Estados Unidos para trabalhar, com o objetivo de ajudar a família a juntar dinheiro e, então, retornar para o Japão. Meu pai, assim como outros, levou nas malas todos os seus sonhos e esperanças de uma vida melhor. Fato é que a vida pode se mostrar mais dura do que imaginamos.

Certamente, a vida que meu pai encontrou naquela terra longínqua não deve ter sido tão simples. Como muitos imigrantes, ele chegou aos Estados Unidos sem saber nada da língua que falavam ali, acostumado a uma cultura muito diferente e sem ter uma profissão. Passou a realizar trabalhos braçais e chegou a construir ferrovias, ao lado de outros japoneses. Apesar das dificuldades e do ambiente hostil, onde os japoneses sofriam intenso preconceito, meu pai aprendeu o ofício e trabalhou muito para enviar dinheiro à família no Japão.

Tendo completado 27 anos, era chegado o momento de começar sua própria descendência. Uma esposa deveria ser escolhida e aprovada por sua família e, até o casamento, os noivos não deveriam se encontrar. Havia na época o *shashinkekkon*, o costume do casamento por fotografia, pelo qual a família do rapaz interessado escolhe a futura esposa do herdeiro por meio de uma troca de fotografias. Nessa prática, o amor geralmente ficava em segundo plano, e o que importava era o consentimento da família. O amor era reservado para quem tinha sorte.

Para estabelecer matrimônio, Matsuemon enviou sua foto à casa dos pais na vila de

> Havia na época o *shashinkekkon*, o costume do casamento por fotografia, pelo qual a família do rapaz interessado escolhe a futura esposa do herdeiro por meio de uma troca de fotografias.

Sagotani, decidido a casar. A pretendente escolhida pela família Morita foi Torano Shintani, filha mais velha de uma família que havia exercido importantes cargos públicos na vila. Torano deveria, então, seguir rumo aos Estados Unidos para iniciar sua vida ao lado do marido que até o momento conhecia apenas por foto.

Quando o navio ancorou em Los Angeles, a jovem Torano segurava, ansiosa, a fotografia do futuro esposo, procurando seu rosto entre os que esperavam pelos viajantes. Levou um tempo até reconhecer Matsuemon, pois a fotografia que tinha nas mãos era de um rosto bem mais jovem do que aquele que se apresentava na sua frente. Estranhou também o aspecto queimado de sua pele. Meu pai, Matsuemon, por sua vez, também estranhou aquela jovem baixinha que seria sua noiva, afinal, já estava acostumado a conviver com as moças altas e loiras norte-americanas.

Naquele dia, não falaram nada um para o outro sobre suas expectativas frustradas. No entanto, muitos anos mais tarde eles me contaram rindo essa história. O fato é que esse casal que iniciara sua vida estranhando um ao outro construiu uma bela família e uma história da qual nos orgulhamos.

Infelizmente, esse jovem casal não poderia imaginar que a guerra dividiria seus filhos em dois países que lutariam em lados opostos. Eles também não poderiam imaginar, nem em seus piores temores, que um de seus filhos seria testemunha da pior arma que o ser humano já produziu. Nos sonhos de um pai, não existe a possibilidade de seu filho correr perigo de morte. É simplesmente inconcebível.

Na época de meu nascimento, meus pais já haviam vivido uns quinze anos de idas e vindas entre os Estados Unidos e o Japão. Eu era o caçula entre os meus irmãos: Toshiko, Masanori, Tamaki e Hiroshi, todos nascidos em terras norte-americanas.

Vim ao mundo quando fazia pouco tempo que eles haviam voltado em definitivo para o Japão, tendo de se adaptar novamente à vida de lavradores. Tiveram também um comércio, que não prosperou pelo fato de a maioria dos vizinhos ser composta de parentes e comprar fiado.

Eu era muito pequeno quando meu pai decidiu tentar uma vida melhor na capital da província, na cidade de Hiroshima. No começo, fomos morar em uma vila habitacional perto de muitos parentes. Meu pai, entretanto, conseguiu um novo emprego, o que nos permitiu mudar de casa.

Próximo a uma área nobre de Hiroshima, havia uma Escola Missionária Metodista Americana – Jyogakuin, cujos ensino médio e superior eram oferecidos somente para moças. Meu pai, por saber falar inglês e pelo fato de ter trabalhado com maquinário nos Estados Unidos, foi contratado para ser zelador da escola. Por causa das necessidades do seu trabalho, passamos a morar dentro do complexo escolar.

Eu tinha 4 anos e ficava encantado com o ambiente cheio de natureza daquela bonita construção. Lembro que ficava fascinado observando os insetos, especialmente a transformação das lagartas em borboletas. Como é bela a evolução da vida e o crescimento dos seres vivos! Enquanto observava as borboletas voarem, eu também crescia. Achava que poderia viver para sempre naquela felicidade.

Meus irmãos, já mais velhos do que eu, estavam construindo suas vidas. Toshiko, a mais velha, havia terminado um curso de Educação Doméstica e seguia para os Estados Unidos para casar, apesar de estar apaixonada por outro rapaz. Masanori, o mais velho entre os homens, trabalhava em uma fábrica de tamancos japoneses, mas logo teve de ir para os Estados Unidos para trabalhar, por ordens de meu pai. Tamaki havia sido adotada por uma irmã de minha mãe e seu marido, porque não tinham filhos. Hiroshi era o único que frequentava o colégio, mas antes de concluir seus estudos foi enviado pelo meu pai para os EUA, a fim de trabalhar.

Quando chegou minha vez de estudar, ingressei em uma escola primária que ficava no centro da cidade. A instituição se chamava Noboricho Shogakko. Desde o colégio, ou melhor, desde a primeira educação que recebemos em casa e nas escolas, aprendemos o *Yamato Damashii*, que é o espírito japonês. Fomos ensinados desde cedo a honrar nossas origens, o que envolve o amor à pátria, o respeito à hierarquia e à tradição, além da devoção irrestrita ao imperador, que era visto como uma divindade pelo povo japonês. Valores importantes nesse sentido também eram a lealdade e a coragem, características associadas aos grandes samurais.

Ensinado a honrar tais valores e a seguir modelos de tamanha grandeza, eu, entretanto, me sentia como um menino frágil. Já aos 2 anos, havia contraído pneumonia. Havia também o fato de eu ser sempre o menor entre os meus colegas de classe. No Japão, as aulas começam em abril, e quem nasce nesse mês deve ingressar no ano letivo posterior. Dessa forma, os nascidos em março, como eu, eram sempre os menores da turma. Por estar entre os mais jovens da turma, eu sempre sentia dificuldades para aprender.

Lembro-me que, quando tinha reunião de pais e professores na escola, sempre ficava ansioso pelo retorno de meu pai para saber sobre meu rendimento escolar. Logo que ele chegava em casa, eu perguntava: "E, então, como estou?". Para pregar peças em mim, meu pai sempre dizia que eu era o pior da classe. Aquilo que para meu pai era uma simples brincadeira, para mim tinha um peso enorme. Afinal, eu era apenas uma criança em busca de aprovação.

Outra lembrança da minha infância é que, certa vez, eu e um amigo atravessamos o rio Ota de barco, pois queríamos seguir meu irmão, Hiroshi. Acabamos, porém, não o encontrando e percebemos que estávamos perdidos e em outra cidade. Fomos levados para um posto policial em Osoga e ali, depois de muitas tentativas, consegui comunicar, entre soluços, a escola em que meu pai

- A VIDA ANTES DA GUERRA -

trabalhava. Após várias pesquisas e já ao anoitecer, o policial por fim conseguiu fazer contato com minha família, e meu pai veio nos buscar em sua bicicleta.

Crianças preocupadas com seu rendimento escolar, crianças que se perdiam em suas brincadeiras: esses eram os "problemas" que perturbavam a paz em Hiroshima naquela época. Por que não pudemos manter esse clima para sempre? Por que tivemos de perder nossa paz? A guerra chegou para aterrorizar toda uma população que só sabia o que era ter uma vida tranquila. Infelizmente, a população de Hiroshima viria a descobrir que manter uma vida plena e feliz nem sempre está em nosso alcance.

Durante o primário, atravessando a década de 1930, quem me ajudou muito a superar adversidades e a acreditar em mim foi o professor Toshiharu Dai. Ele era um educador muito preocupado com seus alunos e sabia analisar os sentimentos de cada criança. Percebendo minhas inquietações, ele sempre me incentivava e me ajudava nos estudos, o que surtia efeitos positivos.

Ainda naquela época, o Japão se inclinava rumo a um expansionismo militar, com o intuito de anexar territórios da Ásia Oriental para garantir sua expansão econômica, segurança militar e liderança nos territórios. O povo japonês, em resposta, tendia cada vez mais ao militarismo e, tanto nas escolas como no ambiente profissional, falava-se incessantemente do País de Deuses, do Divino Imperador, do Líder da Ásia. Esses eram os pensamentos com que os japoneses eram doutrinados e não havia como contestá-los. Quando ainda era uma criança, em 1931, houve a invasão e ocupação da região da Manchúria e, em seguida, seria a vez da China.

Quando eu tinha 10 anos, meu pai decidiu sair do emprego na Escola Missionária e fomos morar em Funairi. Havia então mais dois membros na família: Akira e a caçula Emiko. Meu objetivo era continuar os estudos; meu pai, entretanto, acreditava que era mais importante ter um ofício. Dessa forma, quando concluí o ensino básico, aos 12 anos, fui mandado pelo meu pai para ser aprendiz em uma relojoaria. Começava então uma nova etapa da minha vida.

    Fiquei chateado por ter de abandonar meus planos, mas devia seguir as ordens do meu pai. Mal sabia eu que esse problema seria muito pequeno perto do que viria a acontecer no futuro.

- dois -

ABANDONANDO AS BRINCADEIRAS DE CRIANÇA

Aos 12 anos, como dito, meu desejo era continuar estudando para adquirir novos conhecimentos. Trabalhar só mais tarde. Mas essa não era a vontade de meu pai. Ele queria que meus irmãos e eu tivéssemos uma profissão. Naquele tempo, era comum que os filhos trabalhassem desde cedo. Além disso, meu pai havia sofrido nos Estados Unidos por não ter um ofício e não queria que seus filhos passassem por isso.

Apesar de meu pai já me ver como adulto, eu ainda era uma criança. Enxergava o mundo com olhos inocentes. Perdi a ingenuidade apenas no Exército, quando vi e senti na pele o espírito da guerra, na qual mesmo os adultos perdem sua sabedoria. Não é possível ser sábio e destruir o inimigo. Não há espaço para a consciência.

Um dia, meu pai me disse: "Agora você vai aprender a ser relojoeiro." Não pude opinar na escolha da profissão; ela foi definida pelo meu pai. Na cultura japonesa, o respeito à hierarquia

[Na guerra,] mesmo os adultos perdem sua sabedoria. Não é possível ser sábio e destruir o inimigo. Não há espaço para a consciência.

> Na cultura japonesa, o respeito à hierarquia é um valor muito forte. O pai decide o caminho dos filhos.

é um valor muito forte. O pai decide o caminho dos filhos.

Penso que me mandou aprender a profissão de relojoeiro por gostar muito de um relógio que ele possuía dos Estados Unidos. Meu pai tinha orgulho de sua aquisição: o considerava muito bom, admirava a tecnologia norte-americana e tinha um grande carinho por ele. Lembro-me como se fosse hoje de meu pai polindo seu relógio com todo o cuidado em seu dia de folga.

Como filho que só quer agradar ao pai, eu também queria aprender a cuidar com todo o zelo dos relógios. Eu poderia passar a vida toda cuidando de relógios. Mas na guerra não há lugar para nossa vontade. Nossos sonhos se perderam quando o imperador anunciou que estávamos participando de um conflito. A partir de então, seria matar ou morrer pelo país.

A Relojoaria Nagano, no centro de Hiroshima, foi meu primeiro trabalho. Lá aprenderia tudo o que era preciso para ser um bom relojoeiro. Ao menos, era o que eu esperava, mas não foi o que aconteceu. Minha esperança de dias felizes e muito aprendizado logo acabaria.

Quando comecei a trabalhar na relojoaria, era um entre vários aprendizes. Por serem mais antigos na casa, esses outros se sentiam com poder para mandar em mim. Eles chegavam mesmo a se aproveitar. Sempre que podiam, me deixavam em situações desfavoráveis. Lá eu era sempre o último a comer e, quando chegava minha vez de tomar banho no ofurô, a água já estava toda suja.

Poderia aceitar essa situação se estivesse aprendendo alguma coisa na relojoaria, mas não era o caso. Em vez de ajudar o senhor Nagano, fui designado para cuidar do bebê de 7 meses da família. Levava para passear, dava banho, trocava fralda. Em vez de relojoeiro, estava me tornando um exímio cuidador de crianças.

- Abandonando as brincadeiras de criança -

Na hora de dormir, tinha de me apertar entre os outros aprendizes depois que a relojoaria fechava, o que só acontecia às 23h. Eram dias longos e tristes. Também sentia falta da minha família. Quando nos tornamos adultos antes do tempo, às vezes não é possível enfrentar as dificuldades da vida. Não aguentava mais aquela situação e, ao contrário da guerra, ainda tinha chance de desistir. Foi o que fiz.

Após três meses, qual não deve ter sido a surpresa do meu pai quando me viu em casa, contando que havia fugido da relojoaria. Primeiro ele ficou surpreso e preocupado. Mas expliquei o que aconteceu e ele entendeu. Afinal, além de infeliz, não estava aprendendo uma profissão, como era seu desejo. Meu pai pediu desculpas pessoalmente ao senhor Nagano e logo me enviou para outra relojoaria, a Mizutani, na qual me tornei aprendiz. Assim como a relojoaria anterior, a Mizutani também prestava serviço para o regimento militar da cidade. Nessa nova oportunidade, pude aprender realmente o ofício.

Durante meu período de aprendiz, que duraria seis anos, morei e convivi com a família Mizutani, que era composta pelo casal e dois filhos. Além de mim, havia também uma empregada doméstica que morava na casa da família. Sou muito grato ao senhor Mizutani por me receber tão bem em sua casa e por ter me ensinado pacientemente tudo o que sabia.

Ele foi um mestre para mim. Hoje entendo como foi amável. Na hierarquia rígida do Exército, não há mestres amáveis e pacientes. Eles querem se parecer com nossos inimigos, para mostrar que não há espaço para compaixão no combate.

Na época em que trabalhei na Relojoaria Mizutani, o Japão lutava contra a China, e o

> Na hierarquia rígida do Exército, não há mestres amáveis e pacientes. Eles querem se parecer com nossos inimigos, para mostrar que não há espaço para compaixão no combate.

país estava mobilizado pelo esforço de guerra. Pelo contato que a relojoaria tinha com o Exército, pude conhecer o sistema da corporação. Duas horas por dia, das 18h às 20h, os soldados ficavam livres para frequentar um centro de recreação, um lugar restrito a eles. Além de serviços de alimentação, havia também os de relojoaria, pelo qual o senhor Mizutani era responsável, e muitas vezes me levava junto.

Conforme ia aprendendo, comecei a ir sozinho atender aos soldados e conheci um pouco mais sobre seu modo de vida. Não havia me alistado voluntariamente para servir, mas sabia que isso aconteceria um dia. Afinal, todos no Japão deveriam estar voltados para o objetivo comum. Todos estavam envolvidos no esforço de guerra, e não seria diferente comigo. Mas isso não aconteceu de imediato, e só mais tarde a impressão de tranquilidade que eu tinha da vida dos oficiais mudaria.

Em 1940, ainda desejando aprender mais, decidi retomar os estudos na escola Noboricho, na qual fiz o primário. Havia a possibilidade de participar de um curso matutino, que começava bem cedo pela manhã para que os jovens que já trabalhavam pudessem estudar. Como tinha um bom relacionamento com meu mestre relojoeiro e trabalhava bem, não houve impedimento.

Voltando para a minha antiga escola, tive uma boa surpresa: o meu querido professor Toshiharu Dai – uma figura importante da educação de Hiroshima – ainda estava lá, mas ocupando o cargo de diretor. O professor Dai era uma figura importante da educação em Hiroshima.

Além de bom profissional, meu querido professor cultivava os valores da nossa cultura. Em virtude das circunstâncias, pelo fato de ser um educador japonês, ensinava aos jovens de Noboricho como ser bons exemplos de militares japoneses. O militarismo, muito forte no país, estava presente até nas escolas. O professor Dai sempre fazia questão de ressaltar o que era ser um japonês autêntico.

- Abandonando as brincadeiras de criança -

Um dos valores ensinados pelo meu professor era a resiliência. A habilidade de lidar com situações extremas é muito importante em tempos de guerra e, como o Japão estava no meio de um conflito, essa qualidade tinha de ser bem desenvolvida nos jovens japoneses.

Certa vez, o professor Dai mandou que eu e outros alunos mergulhássemos no rio Ota sem roupa durante um frio congelante para que rezássemos pela vitória do Japão e demonstrássemos nossa lealdade pelo imperador. Lembro-me da água fria na minha pele e de como tentava imaginar o que um soldado tinha de enfrentar nas frentes de batalhas.

Estando ali, nosso dever era obedecer. Éramos treinados para entender que apenas a pátria, o regime e o imperador importavam. Mais tarde, quando me candidatei à Polícia Militar do Exército Imperial, esse aprendizado foi muito útil e fez de mim um bom exemplo para a sociedade japonesa, digno de representar esse importante exército de elite. Hoje, entretanto, percebo como alguns posicionamentos resultaram em duras perdas para os japoneses. O problema de valorizar a pátria acima de tudo é que, às vezes, os valores humanos são deixados de lado. Enquanto o Japão se preparava para expandir suas ações militares, a Segunda Guerra Mundial já acontecia entre os países da Europa desde setembro de 1939, quando a Alemanha nazista invadiu a Polônia. Com o mesmo objetivo de expandir seus territórios, Japão, Itália e Alemanha se aliaram um ano mais tarde. Conhecido como Pacto Tripartite, a aliança do Eixo foi estabelecida em Berlim, no dia 27 de setembro de 1940. Os oponentes do Japão seriam oficialmente os Estados Unidos, a França e a Grã-Bretanha.

O esforço de guerra foi intensificado e, já na escola, os futuros militares começaram a ser preparados. O desastre se tornava

> Estando ali, nosso dever era obedecer. Éramos treinados para entender que apenas a pátria, o regime e o imperador importavam.

iminente, e o Japão não sairia ileso. Muito sofrimento estava por vir.

Hiroshima era uma importante base militar, especialmente pela indústria bélica que havia na cidade. Prevendo ataques de forças inimigas, foi construída uma base aérea de observação, localizada na prefeitura da cidade. Toda a população deveria se mobilizar em prol da guerra, e os jovens foram chamados a trabalhar nas fábricas de armamentos. Escolhido para servir no Primeiro Posto de Vigilância Aérea de Hiroshima, fui liberado do trabalho nas fábricas.

Apesar de ter de trabalhar 24 horas seguidas a cada cinco dias, esse foi um momento de alegria para mim. Desde jovem, tomei gosto por aviões. Senti-me muito honrado por ter sido escolhido para essa atividade, porque era um posto cobiçado entre os jovens. Mais uma vez o professor Dai demonstrava a estima que tinha por mim, pois foi ele quem me indicou para essa posição.

Durante esse tempo, me dividi entre as três atividades: escola pela manhã, trabalho na relojoaria durante o resto do dia e, a cada cinco dias, um dia dedicado ao Japão, que se preparava para os ataques. Realmente estava me esforçando para fazer o melhor que pudesse. Lembro que à noite, quando meu mestre ia dormir, ainda ficava consertando relógios para adiantar o trabalho e aprender cada vez mais.

Além do trabalho nas fábricas de armamentos, muitos estudantes eram convocados para participar de construções em Hiroshima. Assim aconteceu com o estádio poliesportivo, que seria inaugurado no dia 7 de dezembro de 1941. Era uma importante construção para a cidade, e algumas autoridades estariam presentes na inauguração: o governador da província, senhor Yoshinaga; o secretário de Educação, senhor Hasegawa; e o prefeito, senhor Fujita.

- ABANDONANDO AS BRINCADEIRAS DE CRIANÇA -

Mais uma vez o professor Dai me escolheu para uma importante tarefa. Ele declarou: "Você vai ser o representante dos estudantes e vai fazer o discurso de inauguração". Na hora do convite, apesar da distinção, fiquei muito receoso de falar na frente de tantas pessoas. Logo, entrei em um dilema: não queria aceitar a incumbência, mas também não queria decepcionar o professor Dai.

O professor, mesmo percebendo minha hesitação, não deixou de acreditar em mim. "Takashi", ele disse, "não se preocupe! Todos são pessoas como você, todos vão ao banheiro, não há o que temer." Encorajado pelo incentivo bem-humorado do meu professor, aceitei o desafio e não permiti que o medo me paralisasse.

No dia 7 de dezembro, eu estava diante de centenas de pessoas, incluindo um grande número de estudantes que vinham de outros bairros, pois todos os estudantes da cidade de Hiroshima haviam sido convocados para esse importante evento. Apesar do frio na barriga ao subir no palanque para fazer meu discurso, lembrei-me do que o professor Dai me disse e fiquei mais tranquilo. No final, me senti feliz e aliviado por ter cumprido o meu papel. Esse foi um breve momento de alegria, insignificante perto do que enfrentaríamos em nossa cidade.

Eu não sabia naquele momento, mas na plateia havia uma estudante que viria a se tornar minha esposa. Ayako Orishige observava com admiração o rapaz que falava, também sem imaginar o que aconteceria no futuro. Mesmo em um período tão duro, ainda haveria espaço para o amor. Muito bonitos são alguns acontecimentos do destino, não é?

Foi então que tudo se concretizou. Um dia após a inauguração do estádio, em 8 de dezembro de 1941, o Japão atacou a base naval norte-americana em Pearl Harbor, dando início à infeliz Guerra do Pacífico. Nesse momento, iniciavam-se os acontecimentos que trariam tristeza e tragédia ao Japão.

Esse foi um ataque estratégico para o Japão, pois a base seria importante para possíveis avanços dos norte-americanos na região do Pacífico.

Os Estados Unidos, em contrapartida, já temiam o avanço territorial japonês. Por isso, haviam adotado diversas medidas ofensivas: anularam acordos comerciais que tinham com o Japão, iniciaram um embargo ao petróleo e a matérias-primas essenciais para a indústria de guerra e tentaram expulsar os japoneses de suas ocupações na China e na Indochina, o que se revelou improdutivo. Infelizmente, a guerra era inevitável, e o ataque a Pearl Harbor ratificou apenas o anúncio formal do conflito.

O militarismo que até então vinha sendo ensaiado se tornou a realidade do país. Lembro que nesse dia as rádios anunciavam sem parar: "A nossa Tropa Imperial entrou em combate com as forças norte-americanas e inglesas a oeste do Pacífico". Ocorreu também uma marcha militar confirmando a importância do momento. Agora estávamos todos divididos entre a tensão e a euforia. Apesar do receio, não tínhamos dúvida sobre a vitória do Japão. Afinal, nosso exército era muito admirado pela população e tido como invencível, pois havia acumulado conquistas na Ásia.

Nenhum desperdício era tolerado, nada que pudesse atrapalhar o desempenho do Japão na guerra. Todos estavam focados na vitória e isso parecia natural. Quando um povo é ensinado a ver seu imperador como um representante da divindade, suas ordens são inquestionáveis.

Com a guerra em curso, continuei com minhas atividades, como se vivesse uma ilusão. Em 1943, cheguei a participar do Campeonato dos Observadores Aéreos do Oeste do Japão. Eu e minha equipe, representando a província de Hiroshima, fomos consagrados campeões da disputa, que consistia em identificar aviões inimigos mais rapidamente. Como prêmio, pudemos desfrutar dois dias agradáveis nas termas de Beppu. Foi um grande prazer naquele momento podermos nos distanciar, mesmo que rapidamente, do clima de guerra.

Mas o conflito continuava e ficava cada vez mais desfavorável para o Japão. A guerra, que se iniciou com vitórias japonesas arrasadoras em terra e no mar, equilibrou-se com o passar do tempo. Perdemos o domínio aéreo e o marítimo, houve cortes de abastecimento, os ataques aéreos sobre as cidades japonesas se intensificaram e já se falava em combates em território japonês. Agora era o momento de construir abrigos subterrâneos e se preparar para o pior.

Apesar de temer o futuro, o povo japonês mantinha sua lealdade e acreditava nas informações fornecidas pelos meios de comunicação do governo. A censura proibia qualquer comentário pessimista. Além disso, as famílias eram obrigadas a oferecer todos os objetos de metal disponíveis em suas casas em prol da guerra.

Olhando para trás, não posso deixar de questionar a necessidade de participar da guerra. É triste perceber que muitas tragédias poderiam ter sido evitadas. Mas não podemos desfazer o passado. Na época, tudo isso fazia muito sentido. Uma pena não ser possível antever perdas e desastres, mas a vida é assim. Aprendemos com os erros para não os repetir.

Durante esses anos, a guerra foi o centro de nossa vida. O Exército do Japão precisava cada vez mais de reforços em decorrência das perdas sofridas em combate e passou a recrutar soldados cada vez mais jovens, ou mesmo homens com mais idade.

Foi então que, em novembro de 1944, quando tinha 20 anos, chegou minha vez. Fui convocado para o Exército. Não chegaria a participar das frentes de batalhas, mas certamente enfrentaria situações tão cruéis quanto esperar um inimigo na trincheira.

> Perdemos o domínio aéreo e o marítimo, houve cortes de abastecimento, os ataques aéreos sobre as cidades japonesas se intensificaram e já se falava em combates em território japonês. Agora era o momento de construir abrigos subterrâneos e se preparar para o pior.

- três -

EXPERIÊNCIAS NO EXÉRCITO

Aos 20 anos, muitos jovens estão se preparando para casar, exercendo suas profissões ou mesmo aproveitando a vida. No Japão, assim como em outros países envolvidos na Segunda Guerra Mundial, não havia tal possibilidade. Este é o problema da guerra: ela não leva em consideração sonhos e projetos pessoais. Temos de seguir os projetos de outras pessoas.

Como a prioridade era a pátria, cabia-nos lutar pelo que o Japão lutava, mesmo que isso significasse morrer. Ao ingressar no Exército, era minha vez de oferecer a minha vida. Lutava com todas as minhas forças para que o país saísse vitorioso e o destino me permitisse continuar vivendo.

No dia 1º de novembro de 1944, fui convocado pelo Exército para ser técnico de aviação no 97º Regimento da Força Aérea de Hamamatsu. A situação do Japão na guerra era crítica, por isso a participação de todos era necessária. Jovens de quinze ou dezesseis anos alistavam-se voluntariamente para defender o império. Eu esperei até ser convocado já que prestava serviços voluntários no Posto de Vigilância Aérea de Hiroshima. Esse trabalho era importante, pois ajudava o Exército a proteger o império dos aviões inimigos. Quando fui convocado, mesmo sendo jovem e cheio de sonhos, estava pronto para defender e honrar minha pátria. No Japão, éramos educados assim. Não havia dúvida de que essa era a melhor e mais correta escolha a ser feita. Não havia espaço para desejos pessoais. Jamais poderia me opor ao combate e ser considerado um traidor.

Hamamatsu fica na província de Shizuoka. Estava apreensivo por ter de deixar Hiroshima, minha cidade natal, pela primeira vez. Mas guardava para mim esses sentimentos. Não havia opção a não ser seguir o destino escolhido para mim.

Assim como o resto do país, minha família também foi afetada pela guerra. Meu irmão Akira, de apenas 17 anos, havia se alistado no grupo do Exército conhecido como *kamikaze*. Esse era um grupo suicida, composto de pilotos de avião que deveriam lançar-se contra os navios inimigos.

A palavra *kamikaze* significa "vento divino" em japonês. Esses pilotos partiam com apenas o combustível necessário para chegar até seus alvos. Apesar de ser considerada uma causa nobre morrer pela pátria e pelo imperador, eu não ficava tranquilo com a possibilidade de nunca mais ver meu irmão menor.

Tempos de guerra são tempos de absurdos, e o pior que pode acontecer ao ser humano é ver o absurdo como algo normal. Isso nos priva de nossas maiores virtudes: amar e sentir compaixão.

Meus irmãos mais velhos que nasceram nos EUA e lá viviam também sofreram com a guerra. Meu irmão Hiroshi e sua esposa Mitsue haviam se casado no Japão e logo em seguida embarcaram para os Estados Unidos. Enquanto viajavam, foi declarada a guerra entre os dois países, o que lhes tirou a paz. Assim que chegaram em terras americanas, foram levados para "campos de recolocação". Soube, por meio

- Experiências no Exército -

do relato de uma de minhas sobrinhas, que foram separados e conduzidos para locais diferentes, sendo mantidos ali durante algum tempo. Imagino como eles se sentiram, recém-casados e separados.

Assim que o conflito foi oficializado, os Estados Unidos ficaram temerosos com possíveis retaliações por parte dos milhares de imigrantes japoneses, agora tidos como inimigos. Para resolver a situação, o país tomou uma medida drástica: em 19 de fevereiro de 1942, o Congresso norte-americano, apoiado pelo então presidente Franklin Roosevelt, aprovou a Ordem Executiva 9.066. Ela estabelecia que os cidadãos de origem japonesa deveriam passar a viver em zonas militares. Assim como os judeus foram expulsos de suas casas pelos nazistas e enviados a campos de concentração, os japoneses deveriam ser conduzidos para as chamadas "zonas de evacuação" ou "campos de recolocação".

Essas zonas de evacuação não eram campos de concentração, como Auschwitz, onde milhares de pessoas morreram. No entanto, ainda eram prisões. Os japoneses residentes nos Estados Unidos deveriam interromper suas vidas em sociedade e permanecer enclausurados. Não me parece justo que pessoas que não cometeram nenhum crime sejam vistas como criminosas. Infelizmente, este é outro perigo da guerra: esquecer que do outro lado também há seres humanos.

Quando a ordem foi oficializada, os japoneses e descendentes foram informados de que não tinham opção além de se desfazer de seus bens e ir para esses locais imediatamente – como ocorreu com os judeus. O "sonho americano" havia acabado para eles, sem que pudessem reagir para evitar tal sofrimento.

> Assim como os judeus foram expulsos de suas casas pelos nazistas e enviados a campos de concentração, os japoneses deveriam ser conduzidos para as chamadas "zonas de evacuação" ou "campos de recolocação".

Já imaginou o que é ver uma vida inteira se desfazendo, de repente, diante dos seus olhos? Perder, em poucos dias, tudo o que você trabalhou a vida inteira para conquistar? Isso foi o que aconteceu com os japoneses naquele momento. E o pior: com o respaldo da lei.

Assim como os campos de concentração nazistas, esses locais também foram estabelecidos em zonas afastadas, longe dos olhos da sociedade norte-americana e delimitados por cercas de arame. Foram construídos dez campos permanentes nas costas Oeste e Leste norte-americanas, distribuídos entre Califórnia, Utah, Idaho, Wyoming, Colorado, Arizona e Arkansas. Os mais de 120 mil japoneses que estiveram nessas zonas de evacuação só puderam deixá-las em 1945, após o final da Segunda Guerra Mundial.

Meu irmão Hiroshi e sua esposa foram mandados para o confinamento logo que chegaram aos Estados Unidos. Primeiro seguiram para o Poston Internment Camp, no Arizona, e mais tarde foram para o Tule Lake Internment Camp, na Califórnia, perto da fronteira com o Oregon. Como relatei anteriormente, eles chegaram a passar um tempo distantes um do outro nessa triste passagem de suas vidas.

Meu outro irmão, Masanori, e sua esposa, também foram enviados para essas zonas de evacuação, onde viveram em barracas. Os dois estiveram no Tule Lake Internment Camp também. Minha sobrinha, Beverly, e meu sobrinho, Hebert, filhos de Masanori e Yoshiko, nasceram no campo de Tule Lake. Minha irmã Toshiko, que foi a primeira a partir para os Estados Unidos, também foi privada de sua liberdade junto aos três filhos e o marido, Masao Masuda, ficando confinada em um desses campos.

Pela situação da minha família, pude perceber que não havia escapatória; a maioria dos japoneses foi segregada. Outros países americanos, como Peru, Costa Rica e Equador, por pressão dos norte-americanos também enviaram os líderes de suas colô-

- Experiências no Exército -

nias japonesas para os Estados Unidos, para que fossem presos. Isso mostra como nenhum dos lados em uma guerra tem razão. Afinal, qual objetivo está acima da vida e da liberdade humana?

O mais triste desse acontecimento: a segregação aconteceu somente com os japoneses e seus descendentes. Os também inimigos dos americanos, alemães, italianos e seus descendentes foram poupados dessa discriminação.

Mas, dessa triste passagem da Segunda Guerra Mundial, assim como de tantas outras, eu só viria a saber mais tarde. A informação naquela época era precária. Só sabíamos aquilo que o governo divulgava, e aceitávamos tudo como se fôssemos cegos.

Na década de 1980, durante o governo do presidente Ronald Reagan, os Estados Unidos reconheceram a atitude equivocada que tiveram e pediram desculpas aos que foram presos injustamente. Além do pedido oficial de desculpas, também concederam uma quantia em dinheiro aos japoneses e seus descendentes como forma de compensação pelos bens que perderam e pelo que tiveram de suportar durante o período de segregação e confinamento. A indenização foi paga até mesmo a quem havia retornado ao Japão após a liberdade.

Enquanto tudo isso acontecia com a minha família, eu seguia de trem para Hamamatsu, a fim de servir como soldado raso. Sabia que minha vida estava mudando e me perguntava o que encontraria como integrante do Exército japonês.

Muitos jovens foram convocados para trabalhar no desenvolvimento de armas, cada vez mais escassas no Japão. No meu caso, fui convocado especificamente como técnico em aviação, pela experiência que adquiri como membro do Posto

> **Muitos jovens foram convocados para trabalhar no desenvolvimento de armas, cada vez mais escassas no Japão. No meu caso, fui convocado especificamente como técnico em aviação.**

33

de Vigilância Aérea em Hiroshima e pelo conhecimento de engrenagens e mecânica que obtive como relojoeiro.

Quando cheguei à estação de destino, em Hamamatsu, outros soldados do regimento em que eu serviria já me aguardavam, para me acompanhar até o local em que passaria a viver. Logo percebi que a vida ali não seria fácil, pois fui recebido com a frieza que nosso papel impunha.

No local, fui direto procurar a cama que continha meu nome, que seria o meu espaço naquele novo lugar. Cansado da viagem, pude descansar nesse meu primeiro dia no pelotão. A vida dura chegaria com o raiar da manhã seguinte.

O pelotão ao qual fui designado era composto de 52 membros. Desse total, havia 44 recrutas, além de 7 cabos, que deveriam comandar os recrutas. O chefe do pelotão era o sargento Mizuno. Dentre os cabos, havia o Okada, que era de origem coreana. Nessa época, muitos coreanos viviam no Japão, por causa da ocupação japonesa no território coreano, iniciada em 1910. O domínio do Japão sobre a Coreia só teve fim após a Segunda Guerra Mundial.

No Exército havia uma rígida hierarquia. Os veteranos detinham o poder e o respeito. Eu, que era apenas um soldado raso, recém-chegado da minha vida como relojoeiro, não era mais que um contingente inútil aos olhos deles.

Em pouco tempo, os veteranos começaram a se aproveitar de mim e a me destratar, apesar dos meus esforços. Não entendia o motivo, mas parecia ser odiado pelos que chegaram antes de mim. Eles me culpavam e puniam por tudo o que acontecia. Com frequência ouvia alguém gritar "Morita, você!" e em seguida era agredido pelos veteranos.

> Havia uma pressão psicológica muito forte no Exército. Lá, éramos treinados para ser frios e sanguinários.

Havia uma pressão psicológica muito forte no Exército. Lá, éramos treinados para ser frios e sanguinários. Os treinamentos eram muito difíceis, tanto física como psicologicamente. Devíamos estar preparados para fazer qualquer coisa em nome da pátria. Aqueles que seguiam para as frentes de batalha eram ordenados a jamais se render, sendo preferível cometer suicídio a se entregar aos inimigos do império. Eu, que era apenas um relojoeiro e filho de agricultor, tive de me adaptar. Apesar de tudo, estava determinado a superar as dificuldades.

Os treinamentos físicos que eu e os outros recrutas enfrentávamos diariamente eram cheios de tensão. Qualquer movimento impreciso de algum recruta era motivo de castigo para ele e qualquer outro que estivesse por perto. Tenho fortes lembranças dos chefes do pelotão gritando de maneira assustadora: "Toda a seção está mole!". Essa era a senha para o início das represálias. Às vezes, eram promovidas lutas entre os recrutas mais jovens para que um pudesse castigar o outro. Essa era uma situação dolorosa para todos, e muitas vezes os combatentes tentavam não desferir golpes muito fortes, para não machucar o companheiro. Se os veteranos percebessem, o castigo era dobrado: eles demonstravam pessoalmente como deveríamos bater uns nos outros, e muitas vezes os recrutas desfaleciam na frente de todos.

> Às vezes, eram promovidas lutas entre os recrutas mais jovens para que um pudesse castigar o outro.

Havia no pelotão uma música que era uma espécie de hino dos recrutas. Não posso dizer a raiva que aquela canção me despertava! Só de ouvi-la, me sentia indignado. Lembrando daquela música, muitas vezes me pus a chorar durante a noite. Perguntava-me até quando o sofrimento que a guerra me causava iria durar.

Apesar de conhecer o sistema do Exército desde muito jovem, jamais me passou pela cabeça a extensão da brutalidade que havia na corporação. Parecia estar vivendo uma vida que não era minha, e desde o começo fui contra essa violência. A raiva que o treinamento despertava nos soldados certamente era utilizada como combustível para o conflito e a violência. Não havia permissão para erros ou sentimentos bons no coração.

Outro fato que me deixou muito surpreso foi a condição de vida ali. Por conta da guerra, todo o país vivia em racionamento. A comida se tornava cada vez mais um artigo de luxo. Achei que no caso do Exército a situação seria diferente, afinal, seus membros eram respeitados pela população e estavam honrando a pátria. Além disso, é preciso força física para lutar. Não foi essa, entretanto, a situação que encontrei no pelotão de Hamamatsu.

Comíamos mal e muitos de meus companheiros estavam desnutridos. As provisões eram escassas e pouco variadas, e vivíamos à base de um ensopado com um pedaço de batata-doce e alguns grãos de arroz. Além de tudo, tínhamos de suportar a fome. Não me surpreenderia se ela nos matasse antes de a guerra terminar. Tudo isso eu aguentava em silêncio, e penso que muitos de meus companheiros também. É nesses momentos de dificuldade que o ser humano descobre sua verdadeira força.

Para que pudéssemos lutar contra os Estados Unidos, era necessário também desumanizar os inimigos, tática utilizada por todos os exércitos. É mais fácil matar quando não vemos o outro como ser humano. Aos jovens japoneses chegavam informações sobre os selvagens e impiedosos norte-americanos que nos chamavam de "macacos amarelos" e queriam acabar com nosso país. Era incutida na sociedade a crença de que o Japão deveria conquistar o mundo e trazer ordem ao caos. É incrível como objetivos de guerra podem ser distorcidos como algo positivo.

- Experiências no Exército -

Após algum tempo, juntou-se ao pelotão um grupo que tinha a função de recolher e confirmar informações pessoais, além de verificar quem estava interessado em prestar o exame para a Polícia Militar do Exército Imperial, conhecida como Kempeitai. Espécie de polícia secreta, como a Gestapo e a KGB, a Kempeitai era a polícia mais respeitada e temida de todas as forças do império.

Criada em 1881, seu objetivo era manter a ordem pública no Japão. A Kempeitai tinha mais autoridade que o próprio Exército na época e podia prender até mesmo oficiais, o que gerava muito temor na população japonesa.

Por se tratar de uma polícia secreta, pouco se sabia sobre a extensão de suas ações e poder. Atualmente é sabido que essa divisão cometeu muitos atos condenáveis, especialmente nos países invadidos pelo Japão.

Tendo em vista a importância da Kempeitai durante a guerra, era muito difícil ingressar na corporação. Querendo mostrar que eu era capaz, dei o melhor de mim e me inscrevi com a convicção de que passaria no exame. Enquanto me inscrevia, pensei no professor Dai, no que havia aprendido com ele e em toda a confiança que ele depositara em mim. Foi com esse pensamento que ignorei os olhares que os veteranos me dirigiam, certamente incomodados com a ousadia de um recruta.

Essa, entretanto, era uma decisão perigosa, que colocava a minha vida em risco. Aqueles que não passavam no exame para a Kempeitai eram enviados logo em seguida para o Sudoeste Asiático, para as frentes de batalha. Essa era praticamente uma sentença de morte, mas estava disposto a me arriscar.

> Aqueles que não passavam no exame para a Kempeitai eram enviados logo em seguida para o Sudoeste Asiático, para as frentes de batalha. Essa era praticamente uma sentença de morte, mas estava disposto a me arriscar.

Eu não era mais um menino fraco e inseguro. Acredito que os ensinamentos que recebi no colégio com o professor Dai, além do difícil treinamento no Exército, haviam me preparado para enfrentar desafios. O sofrimento e a dor nos fazem mais fortes, e o que passei como recruta no pelotão me proporcionava ainda mais força para me superar.

Chegou, enfim, o dia do exame que mudaria o rumo da minha vida. As provas seriam no quartel da Polícia Militar de Hamamatsu, então todos os candidatos tiveram de se deslocar até lá. Dos cerca de sessenta membros do meu pelotão, vinte se candidataram. Olhando aqueles rostos que competiam pela mesma vaga que eu, todos me pareceram excelentes soldados. Minha confiança se abalou um pouco com a proximidade do momento de definição.

Na hora marcada, os aplicadores do exame entraram na sala. Logo começaram as explicações sobre a avaliação. As disciplinas eram Japonês, Matemática e Conhecimentos Gerais. Afirmaram que, mesmo que tivéssemos boas notas, ainda assim haveria uma rígida pesquisa sobre a vida dos candidatos e sua linhagem familiar. Para integrar a respeitada Kempeitai, era imprescindível ser um japonês exemplar. Ouvindo isso e percebendo a rigidez do processo seletivo, meu nervosismo só aumentava.

Apesar da tensão inicial, consegui terminar as provas. Eu me senti mais confiante à medida que percebi que os conhecimentos exigidos não me eram tão estranhos. Mais uma vez, fui grato ao que aprendi até aquele dia. Logo que acabei, retornei ao regimento e informei ao chefe de seção que havia concluído a prova. Pude perceber que ele ficou surpreso com a informação. Posteriormente, também notei alguma mudança em seu comportamento comigo. Havia mais respeito.

Agora que tinha realizado o exame, só me restava esperar. Minha sorte havia sido lançada, mas só com os resultados oficiais eu saberia o que seria do meu destino. Com a ansiedade da espera, não poderia deixar de temer a possibilidade de estar em uma frente de batalha, mas, na situação em que me via, não sabia o que seria melhor ou pior. Em todos os lados havia sofrimento e violência. Essa não era uma época para sonhadores.

Enquanto aguardava o resultado, minha rotina no pelotão permaneceu a mesma. Não sabia até então, mas os oficiais da Polícia Militar já estavam investigando minha linhagem familiar. Meu pai me contou posteriormente que ficou muito assustado quando viu diversos jipes da Kempeitai chegando à sua casa na vila de Sagotani. Seu primeiro pensamento na época foi: "O que será que meu filho aprontou?". Chegou a perguntar aos policiais o que eu havia feito, mas a resposta o tranquilizou: "Ele não fez nada. O Takashi passou no exame para ser policial militar e estamos investigando se ele realmente está apto para o cargo". Ainda bem que ele não resolveu brincar com os oficiais, como fazia quando retornava das reuniões com meus professores.

Nesse período, chegaram novos recrutas ao pelotão. Eu já não era mais um novato. Para recepcionar os novos membros, todos os antigos recrutas ficaram enfileirados no pátio. O Japão seguia recrutando jovens de todo o país para tentar reverter a derrota iminente.

Nesse mesmo dia, no final da manhã, pudemos ver brilhando no céu, a 8 mil metros de altitude, o bombardeiro norte-americano de longa distância B-29. Era um sinal de que os ataques ao nosso território estavam começando. O bombardeiro passou voando sobre nós com um enorme barulho.

Era difícil não admirar a tecnologia dos norte-americanos. Quem já havia estado nas terras inimigas sabia do seu potencial e o quanto seria difícil uma guerra contra uma nação com tantos recursos. No entanto, nós, japoneses, seguíamos acreditando cegamente na vitória do nosso país. Não era permitido transparecer dúvidas. Além disso, havia lendas de que o Japão se sobressairia mesmo nas situações mais difíceis. Quando sofríamos alguma derrota considerável, o governo contornava a situação afirmando às pessoas que tudo estava dentro do planejado e que a vitória estava encaminhada.

Os Estados Unidos, que já dominavam o mar e os ares, agora nos atacavam diariamente. A população estava cada vez mais em estado de alerta com os ataques de metralhadora e os bombardeios. Os aviões vinham em esquadrões e era possível ver os cachecóis dos pilotos conforme se precipitavam em voos rasantes para nos metralhar e lançar as bombas antes de retomar a altura.

Esse era um momento em que eu precisava utilizar minhas habilidades em favor da pátria. Por causa da minha experiência como observador, ficava muitas vezes fora do abrigo para informar meus companheiros de qualquer sinal de perigo. Mesmo assim, nossos aviões eram descobertos e destruídos um após outro.

O inimigo demonstrava cada vez mais seu poder. Acabamos sendo atacados também: uma parte das instalações do pelotão foi atingida em um dos ataques norte-americanos. Esse ataque resultou na perda de suprimentos essenciais para a nossa sobrevivência.

A alimentação, que já era escassa, foi reduzida a quase nada. Restavam-nos apenas grãos de arroz para sobreviver. Muitos soldados caíram doentes. Era difícil suportar a fome e ainda lutar na guerra. Infelizmente, o sofrimento estava longe do fim. Estávamos nos acostumando com ele e a época de paz agora parecia um sonho distante.

Para socorrer e tratar dos doentes, uma escola da vizinhança foi transformada em hospital. Lembro-me do desespero que era estar ali naquele momento: jovens que eram fortes e sadios agora mal tinham força para sobreviver. Muitos tremiam de frio estendidos em colchões no chão. Eu olhava essas cenas e me perguntava com temor quando seria a minha vez, até quando iria aguentar. Parecia um pesadelo. Mal sabia que em pouco tempo as coisas se tornariam ainda piores.

Consegui resistir por um tempo, mas enfim adoeci e tive de ser transferido para o hospital, que era um local totalmente improvisado.

- Experiências no Exército -

Não tinha nenhuma estrutura para tratar de doentes em estado grave como os que estavam ali. A providência do "hospital" era dar aos doentes uma vez por dia pó de ossos queimados de bois doentes. Não havia médico ou medicamentos, e qualquer ferimento acabava infeccionando por falta de antibióticos.

Era desolador perceber o desespero de todos naquele lugar. Eu via os doentes se arrastando à procura de alimentos pela escola, implorando por comida. Se, por sorte (ou por azar), encontrassem uma batata-doce perdida na despensa, a escondiam na roupa para poder comê-la. Quando retornavam ao leito improvisado, devoravam o que haviam encontrado em poucos segundos. Essa atitude, entretanto, era morte certa: para alguém que sofre de desnutrição e está há um bom tempo sem ingerir calorias suficientes, comer uma batata crua só faria mal.

Muitos pacientes amanheciam mortos após o "furto das batatas". Era triste de ver. Eu ficava muito tenso, especialmente porque não queria ser o próximo. Para aqueles que estavam em melhores condições, só restava carregar os corpos em carrinhos de mão até o cemitério para que pudessem ser enterrados. Estar vivo era ter de suportar tragédias.

A situação de calamidade resultou em falta de disciplina no regimento. Não havia como manter o controle diante da necessidade e do desespero. Para evitar o mesmo destino de tantos que morriam, comecei a desenvolver minhas próprias táticas. Como havia muitos agricultores na região, pensei que poderia conseguir comida com eles. Comecei a sair escondido do hospital e a ir até a casa desses agricultores, dizendo: "Estou encarregado de conseguir alimentos para os colegas que estão feridos e doentes. Queria que vocês me vendessem verduras, legumes e carne".

Compadecidos, os agricultores me forneciam algumas provisões. Quando retornava para a escola transformada em hospital, cozinhava no meu capacete tudo o que conseguira. Com muita ansiedade, comia um pouco, e a outra parte, dividia com meus colegas, que também padeciam de fome. Apesar de tudo, ainda era possível ser solidário. Não queria presenciar mais mortes.

Aos poucos, fui melhorando e me fortalecendo. Ainda padecia com diarreias constantes, porque meu organismo estava muito debilitado para receber a comida que eu ingeria. Não era só o meu pelotão, todo o Japão sofria com a escassez. Parecia surreal ter que seguir naquela vida.

Finalmente estava forte o bastante para receber alta. Sentia alívio por ter sobrevivido, mas também estava ansioso para saber o que o destino me reservava. Quando retornei ao pelotão, mal pude reconhecê-lo. Dos colegas que haviam sobrevivido, muitos foram enviados para lutar no exterior. Contudo, havia boas notícias para mim.

Entrei no escritório do pelotão procurando por orientações sobre o que eu deveria fazer a partir de então. A resposta não poderia ser melhor. No quadro-negro estava escrito: "Takashi Morita, aprovado para a Escola da Polícia Militar".

Eu mal acreditava no que estava lendo! Foi uma honra ser considerado bom o suficiente para entrar na polícia de elite. Todas as vezes em que fui testado durante minha estada no pelotão me fizeram mais forte para alcançar o meu objetivo. Fiquei aliviado também, pois não precisaria enfrentar as batalhas do Sudoeste Asiático.

Dos vinte recrutas que prestaram o exame, apenas eu e mais um candidato fomos aprovados. Agora deveria seguir para Tóquio para cumprir o meu destino, já sabendo que não passaria por provações fáceis. Eu mal podia imaginar, entretanto, as duras provas que o destino me reservava a partir de então. Mais uma vez, a guerra me mostraria que eu ainda não conhecia o medo e o desespero em profundidade.

- *quatro* -

INGRESSO NA POLÍCIA MILITAR

No início de 1945, a guerra já durava oficialmente mais de três anos para o Japão. Havíamos entrado em um buraco negro do qual estava cada vez mais difícil sair. Respirávamos a guerra, vivíamos a guerra. Parecia que não teria fim.

Nessa época, o cerco se fechava cada vez mais para o Japão e as potências do Eixo, e a vitória dos Aliados estava próxima. A Alemanha estava cada vez mais enfraquecida e passou a ter seus territórios invadidos consecutivamente. Os japoneses, no Pacífico, seguiam sua própria luta.

Em 27 de janeiro de 1945, as tropas soviéticas tomaram o temível campo de extermínio de Auschwitz, onde se estima ter morrido um milhão de judeus. Com a vitória cada vez mais concreta, os líderes dos países Aliados se reuniram na Conferência de Ialta, região da Crimeia, na Ucrânia, entre os dias 4 e 11 de fevereiro de 1945 para definir a situação geopolítica do mundo após a guerra. Para o Japão, ela parecia ainda longe do fim. O golpe final ainda não fora desferido.

Entre fevereiro e março de 1945, o Japão sofreu uma dura derrota: a ilha de Iwo Jima, localizada em uma região estratégica para a segurança do país, foi invadida e conquistada pelos norte-americanos. Mesmo significando uma importante baixa, o Exército japonês seguiu lutando e acreditando na vitória, e mais pilotos *kamikazes* eram enviados em ataques suicidas. Nesse momento, não sabia se meu irmão Akira, alistado como *kamikaze*, ainda estava vivo. Eu já esperava pelo pior.

Os militares japoneses acreditavam que a coragem e a determinação de nossos soldados seriam suficientes para vencer a guerra. Consideravam os soldados norte-americanos fracos de espírito.

> Os militares japoneses acreditavam que a coragem e a determinação de nossos soldados seriam suficientes para vencer a guerra. Consideravam os soldados norte-americanos fracos de espírito.

Não deixo de pensar que muito do que aconteceu posteriormente poderia ter sido evitado se o Japão tivesse se rendido após a tomada de Iwo Jima. Por que tivemos que deixar a catástrofe acontecer para só então aceitar a nossa derrota? Por que a vitória na guerra era mais importante até do que a vida da própria população?

Enquanto o conflito se arrastava, eu esperava pelo embarque para Tóquio, onde seriam travadas as minhas verdadeiras batalhas. Não importava o que acontecesse, estava pronto e decidido a lutar pela pátria como um legítimo japonês e honrar tudo o que tinha aprendido.

No dia 1º de fevereiro de 1945, meu colega e eu seguimos para a estação de trem de Hamamatsu, de onde partiríamos rumo a Tóquio para frequentar a Escola da Polícia Militar do Exército Imperial. Durante a viagem, o cenário que vi pela janela era de destruição. No entanto, o orgulho que eu sentia de minha conquista naquele momento proporcionava certo alívio, apesar do temor.

Durante esse período, os bombardeios inimigos eram mais constantes, e no caminho de Hamamatsu para Tóquio pude ver o

- Ingresso na Polícia Militar -

resultado. Muitas estações ferroviárias estavam totalmente destruídas. O Japão se defendia como podia, mas não era o bastante.

Enfim chegamos à Escola da Polícia Militar de Nakano, em Tóquio. Apesar de temer o treinamento pelo qual teria de passar, já me sentia vitorioso. Não era mais um soldado raso em Hamamatsu, à mercê dos veteranos. Agora iria vestir a imponente farda da Polícia Militar, aquela que toda a população japonesa temia e respeitava.

Mas respeito é algo que precisa ser merecido. Para isso, fui submetido a um treinamento intensivo e rigoroso, começando pelo conteúdo exigido de um policial de elite. As matérias que deveríamos saber de cor eram: Constituição, Leis, Penalidades, Processos Policiais e Penalidades do Exército e da Marinha. Tudo o que se referisse à segurança e à ordem do Japão.

Além da farda, eu e os outros candidatos recebemos os instrumentos que cabiam ao nosso cargo e nos auxiliariam em serviço. Os sete instrumentos do policial militar eram: carteira de identificação, apito, algema, faixa de identificação no braço, espada, revólver e botas.

A espada utilizada pelos membros da Kempeitai era a *katana*. Originalmente, essa era a espada utilizada pelos samurais, especialmente durante o xogunato, antes do início da Era Meiji, em 1868. Nesse período, os xóguns eram os líderes políticos e militares do Japão feudal, e o imperador exercia apenas poder ritualístico. A espada era a extensão do corpo e da mente dos samurais, a sua alma. Agora apenas os membros da Polícia Militar podiam portar uma katana. Os oficiais do Exército a usavam apenas em ocasiões especiais, de extrema necessidade.

Todo o treinamento para ser um *kempei* tinha como objetivo nos tornar capazes de atuar com autoridade e segurança. Um cargo cuja função era manter a ordem em uma nação militarista, em plena guerra, também exigia daqueles que o desempenhavam a ausência de compaixão pelo inimigo. Isso nos era incutido todos os dias.

Além de legislação e códigos de ética, aprendíamos a manusear vários armamentos. Havia também treinos de artes marciais e passávamos mensalmente por provas para avaliar o nosso grau de aprendizado.

Como policiais de elite, deveríamos estar sempre com a farda impecável e seguir rigorosamente os horários. Apesar do alto grau de exigência, me adaptei bem aos treinamentos. Conforme ia aprendendo, me sentia mais confiante em minha posição.

Logo que ingressei na Escola da Polícia Militar pude perceber também a diferença na qualidade de vida e na maneira como éramos tratados. Pela nossa posição, realmente recebíamos tratamento de elite. Sentia-me em outra época, não em um período em que até os artigos mais básicos eram escassos.

Enquanto no Exército os soldados literalmente morriam de fome, na Polícia Militar havia fartura de alimentos. Nas três refeições nunca faltava carne ou peixe, e havia ainda missoshiru (sopa de massa de soja) e arroz. Em uma época de guerra, ter toda essa comida à disposição era um verdadeiro privilégio.

Embora o treinamento fosse muito rigoroso, pude me beneficiar com minha nova situação. A boa alimentação me ajudou a recuperar toda a força e saúde que tinha antes de ingressar no pelotão em Hamamatsu. Não precisava mais me preocupar em conseguir comida para não adoecer novamente.

Contudo, apesar da melhora em minha condição, ainda não podia me sentir tranquilo. Toda a população japonesa sofria com a falta de alimentos, mas, de onde estávamos, parecia não haver fome em canto algum. Estranhei a distância entre nossa realidade e a das outras pessoas. Não pude deixar de me perguntar: o que nos faz diferentes dos outros? Por que merecemos comida e os outros não? Perguntas como essas não poderiam ser levantadas naquele momento.

Minhas inquietações sobre igualdade e justiça teriam de ser postergadas: a guerra batia à nossa porta. Agora, os Estados Unidos

- Ingresso na Polícia Militar -

queriam mostrar que não haveria trégua até a rendição do Japão. Nos dias 9 e 10 de março de 1945, ocorreram em Tóquio os bombardeios mais destrutivos da Segunda Guerra Mundial. O ataque do dia 10 foi excepcionalmente arrasador: 130 dos poderosos aviões B-29 lançaram mais de 10 mil bombas incendiárias durante duas horas ininterruptas. Essa campanha norte-americana resultou em 80 mil mortos, 110 mil feridos e mais de um milhão de desabrigados.

Esses ataques ocorreram principalmente no centro da cidade, onde havia maior concentração de pessoas. A Escola da Polícia Militar, para nossa sorte, ficava numa região afastada do centro. Como os bombardeios ocorreram durante a noite, podíamos ver de longe as explosões.

Apesar de aliviados por estarmos vivos, ainda havia muito a fazer. Responsáveis pela segurança da população, todos os policiais militares foram convocados para prestar socorro. Essa foi uma noite que jamais esqueci.

Logo que chegamos à região dos bombardeios, sentimos o caos que tomava conta da cidade. Muitos feridos não sabiam o que fazer ou para onde ir. Além dos feridos, havia mortos jogados por toda parte. Tóquio parecia um cemitério a céu aberto.

> Logo que chegamos à região dos bombardeios, sentimos o caos que tomava conta da cidade. [...] Além dos feridos, havia mortos jogados por toda parte. Tóquio parecia um cemitério a céu aberto.

Muitas pessoas foram atingidas diretamente pelas bombas incendiárias. Há uma cena que não consigo apagar da minha mente. No meio da cidade, vi uma pessoa morta no chão, com o tubo da bomba cravado no crânio. O que fazer em uma situação como essa? Como poderia seguir em frente?

Lembro-me dessa cena e penso em como os seres humanos desperdiçam seu intelecto, quando poderiam usá-lo para o bem. É impossível não ser afetado por experiências assim. Nesse dia, entretanto, eu não poderia me deixar abalar, tinha de me recompor e lembrar que minha missão era ajudar o máximo de pessoas possível a sobreviver. Não havia nada que pudesse fazer pelos mortos.

O trabalho dessa noite foi intenso. O que agravava a situação é que a cidade estava destruída, quase 300 mil edifícios e residências foram arrasados pelas bombas norte-americanas. Recordo-me que muitas pessoas fugiam com mochilas nas costas, levando tudo o que puderam juntar. No entanto, para onde iriam? Elas não tinham mais casa. Tentávamos ajudá-las da melhor forma possível, mas, em um caos como aquele, não havia muito a fazer além de tentar socorrê-las.

Hoje, olhando com clareza tudo o que aconteceu até a rendição do Japão, não posso deixar de pensar que o bombardeio a Tóquio era um problema pequeno perto do que estava por vir. Apesar de toda a destruição, muitas pessoas tiveram chance de fugir e mais tarde, com o fim da guerra, reconstruir sua vida. Isso não seria possível com o ataque da bomba atômica.

A bomba atômica viria para mudar a concepção do mundo sobre destruição. As chances de sobrevivência a um ataque nuclear são muito reduzidas. Mesmo aqueles que sobrevivem não saem ilesos, as marcas ficam para sempre no corpo e na memória.

Não obstante, os dias 9 e 10 de março de 1945 foram de intenso desgaste físico e emocional. Com medo de novos ataques norte-americanos, a população permaneceu em alerta e qualquer sinal de aviões inimigos era encarado com um intenso alarde.

Houve outros ataques nos meses seguintes, em 15 de abril e 25 de maio. Nesses dois dias, o cenário de destruição foi o mesmo: os temidos e já conhecidos B-29 apareceram em grandes esquadrilhas e lançaram bombas incendiárias. A cidade se transformava num mar de labaredas, e os habitantes procuravam se refugiar carregando a maior quantidade possível de pertences.

- Ingresso na Polícia Militar -

Para quem ainda estava em treinamento, essa foi uma dura provação. Afinal, tivemos de pôr em prática muito rápido o que aprendemos em teoria. Mas mesmo um treinamento rigoroso como o que recebemos não poderia nos preparar para uma situação como essa. A cada ataque éramos chamados na escola para auxiliar a população e manter a ordem, mas já percebia as dificuldades que o Japão teria de enfrentar daí em diante. Como se reerguer diante de uma situação que parecia irreversível? Mas aquele não era o momento para ter dúvidas, precisávamos agir.

Depois de seis meses intensos e de extrema adrenalina, pude concluir o curso e ser nomeado cabo da Polícia Militar. Como era meu desejo, fui alocado para trabalhar em Hiroshima, minha querida cidade natal, da qual sentia muita falta. Lembro que, logo que fui aprovado para o curso de *kempei*, me perguntavam no pelotão: "Onde você vai prestar serviço?". Eu dizia que voltaria para Hamamatsu apenas para provocar aqueles que haviam me maltratado, mas meu objetivo era retornar a Hiroshima.

No dia 30 de julho, eu e um colega de curso embarcamos em um trem com destino a Hiroshima. Orgulhoso, pensei em passar pelo meu antigo pelotão em Hamamatsu com a minha bonita e imponente farda de policial militar, imaginando como seria recebido pelos colegas que haviam sido hostis comigo, mas desisti logo da ideia. Agora deveria cumprir minhas obrigações.

As 24 horas de trem entre Tóquio e Hiroshima deveriam passar de maneira razoavelmente tranquila, e eu pretendia aproveitá-las para descansar e me preparar para a nova função. Tranquilidade era o que eu precisava depois dos meses de bombardeios em Tóquio, em que trabalhamos duro para tentar ajudar a população. Mas, logo que partimos, percebemos que o trem não seguia seu trajeto desacompanhado. Vindo em nossa direção, havia um caça norte-americano a uma distância muito reduzida do trem.

- A ÚLTIMA MENSAGEM DE HIROSHIMA -

Avistando o avião, pensei que ele nos sobrevoaria e seguiria seu destino. Não foi o que aconteceu.

Durante todo o trajeto, fomos alvo do bombardeio desse caça. A nossa adrenalina e o medo chegaram a níveis limítrofes: cada estação por que passávamos era totalmente destruída por bombas. Parecíamos estar dentro de um filme norte-americano de guerra, e não via a hora de esse filme terminar e ter um final feliz.

Mais uma vez minha vida foi colocada à prova. Por mero acaso não fui atingido e estou aqui contando minha história.

> Durante todo o trajeto, fomos alvo do bombardeio desse caça. A nossa adrenalina e o medo chegaram a níveis limítrofes: cada estação por que passávamos era totalmente destruída por bombas.

A viagem seguiu com o tiro ao alvo dos norte-americanos. A ponte do rio Tenryu, que nasce no lago Suwa em Nagano, foi totalmente destruída segundos depois de a termos atravessado. Esse erro de pontaria dos nossos adversários permitiu que os passageiros do trem permanecessem vivos.

Foram as 24 horas mais tensas da minha vida até então. Só quando chegamos à estação de Hiroshima pude respirar aliviado. Eu tinha apenas 21 anos, mas parecia já ter renascido diversas vezes. Emoção parecia ser a tonalidade da minha existência.

Foram tantos acontecimentos em tão pouco tempo que era difícil assimilar pelo que estava passando. Em questão de meses fui convocado para o exército, ingressei na polícia militar e presenciei bombardeios e inúmeras mortes em Tóquio. Agora estava se aproximando o dia que viraria minha vida de cabeça para baixo.

Apesar da perseguição, chegar à minha terra natal me deu uma sensação de paz. Por um segundo, quase esqueci que estava enfrentando uma guerra e me senti pleno e realizado, desfilando pela

- Ingresso na Polícia Militar -

cidade com minha patente de policial militar. Mas logo um fato me chamou a atenção: por que a cidade ainda estava intacta? Perto dos bombardeios que havia presenciado em Tóquio, Hiroshima era como um oásis no meio de um deserto. Intuitivamente, senti que havia algo errado. Afinal, estávamos em guerra.

Esse, entretanto, não era momento para hesitações. Logo que cheguei, me apresentei no quartel-general da Polícia Militar da região de Chugoku para início das minhas obrigações.

Poucos dias depois, soube da existência de prisioneiros norte-americanos no quartel-general, capturados após a queda do avião B-24. Junto a eles, foram capturados botes salva-vidas com uma grande quantidade de alimentos enlatados e remédios. Todos esses suprimentos me demonstraram o quanto os norte-americanos valorizavam a vida dos seus soldados.

Em Hiroshima todos ficavam cada vez mais desconfiados com o fato de ainda não terem ocorrido bombardeios. Era preciso se preparar para o pior, e o pior que imaginávamos eram mais ataques com bombas incendiárias.

Dessa forma, pensando que cedo ou tarde enfrentaríamos esse tipo de ataque, começamos a demolir construções de modo a evitar o alastramento de incêndios. Toda a cidade se mobilizou: o exército demolia as construções, os alunos do ensino médio e parte da população que vivia nos arredores da cidade eram convocados para fazer a limpeza das áreas centrais. Não restou nada que não fosse para uso militar. Hiroshima historicamente já possuía grande importância estratégica militar e se preparou em definitivo para a guerra.

> Toda a cidade se mobilizou: o exército demolia as construções, os alunos do ensino médio e parte da população que vivia nos arredores da cidade eram convocados para fazer a limpeza das áreas centrais.

- A ÚLTIMA MENSAGEM DE HIROSHIMA -

Enquanto isso, na Europa, a Alemanha já havia se rendido, em maio de 1945. Durante a Conferência de Potsdam (Brandemburgo, Alemanha), realizada para definir o destino da Alemanha e das outras nações após a Segunda Guerra Mundial, foi enviado em 26 de julho um ultimato ao Japão, solicitando a rendição do país para evitar maiores destruições. Ultimato que o primeiro-ministro japonês, Kantaro Suzuki, declarou que seria ignorado. Essa decisão do governo custou muito caro para o país.

Havia períodos em que os aviões norte-americanos sobrevoavam o céu de Hiroshima. O que no começo era alarmante e deixava todos tensos, aos poucos se tornou habitual. Quando o pior dia da história de Hiroshima teve início, talvez poucos estivessem preparados para receber bombardeios, mas certamente ninguém estava pronto para a arma mais potente já produzida.

Era um belo dia de verão, com o céu totalmente azul, sem nenhuma nuvem. Sempre que imaginamos uma tragédia, pensamos em dias chuvosos e tristes. Ninguém espera tanta destruição em um dia tão bonito. Não era possível imaginar algo assim. Pelo menos, não até o dia 6 de agosto de 1945.

Como sobrevivi ao dia em que o inferno se fez presente na Terra? Como consegui seguir em frente depois de vivenciar tamanho pesadelo? Não sei. Até hoje não tenho a resposta. No entanto, apesar de todas as chances estarem contra mim, de alguma forma eu consegui. Com todas as cicatrizes, sobrevivi. E é sobre esse dia que vou contar agora.

Não espero que vocês compreendam a magnitude da destruição que ocorreu em Hiroshima, que até hoje o mundo tenta entender. Só quem esteve lá sabe o que estou dizendo. Mas espero que este relato sirva de alerta para que histórias como esta nunca mais se repitam.

> Ninguém espera tanta destruição em um dia tão bonito. Não era possível imaginar algo assim. Pelo menos, não até o dia 6 de agosto de 1945.

- cinco -

O DIA 6 DE AGOSTO DE 1945

É DIFÍCIL EXPRESSAR O QUE EU E TODA A CIDADE DE HIROSHIMA passamos nesse dia. Mesmo assim, farei o meu melhor para contar como foi viver um acontecimento tão triste para toda a humanidade. Hoje, aos 95 anos, às vezes chego a me perguntar se tudo aconteceu de verdade, mas as marcas que trago na memória, os problemas de saúde e as imagens da cidade totalmente devastada me comprovam que foi tudo real. Infelizmente, não foi apenas um pesadelo.

Naquele 6 de agosto, a cidade de Hiroshima acordava para viver um lindo dia de verão: crianças se arrumavam para ir à escola, trabalhadores se preparavam para o trabalho e aqueles empenhados no esforço de guerra seguiam com sua tarefa de demolir os edifícios. Ninguém esperava ter sua rotina interrompida de maneira tão drástica.

Nesse momento, eu já nutria um sentimento de frustração com a guerra. Para mim, não fazia sentido o que estávamos sofrendo. Pensava nas vidas desperdiçadas e naqueles que eram obrigados a viver em função do conflito e não conseguia encontrar algo pelo que valesse lutar. Mas o dia estava apenas começando e eu precisava mais uma vez ignorar meus sentimentos e cumprir o meu dever. Agora era um policial militar e deveria exercer o cargo com a determinação que ele exigia. Estando o Japão em guerra, éramos extremamente necessários para manter a ordem e ajudar na segurança da população.

A cidade de Hiroshima é um delta cortado por sete rios. Além disso, a região é cercada por montanhas. Logo que retornei, uma das atividades dos policiais militares era construir um abrigo antiaéreo nas colinas. O objetivo desse abrigo era proteger os artigos essenciais ao nosso trabalho, e à nossa sobrevivência, de possíveis ataques norte-americanos. Nesse dia eu deveria seguir para a área do abrigo e continuar ajudando no que fosse necessário.

Saí do quartel às 8h da manhã, acompanhado por mais dois *kempeis* e doze ajudantes, todos liderados por mim. Para chegarmos ao local da obra, pegamos um bonde em frente ao alojamento e descemos pouco depois, na terceira parada. Íamos em direção à saída da cidade, atravessando a ponte de Yokogawa.

Tanto no bonde como nas ruas, as pessoas pareciam mais leves e alegres pelo dia ensolarado. Bem cedo pela manhã havia soado o alarme antiaéreo para que as pessoas pudessem se proteger de possíveis ataques. O alarme soou por conta de um avião que sobrevoava Hiroshima. Como não houve ataque, meia hora depois, as pessoas foram liberadas para seguir sua rotina. Eu também continuei com minha missão; não achei que aconteceria algo pior naquele momento. Foi então que tudo aconteceu.

Às 8h15, quando estávamos a caminho do abrigo, de súbito, uma força que pareceu vir do além me arremessou cerca de dez metros para a frente. Literalmente voei, tamanho o impacto que me atingiu pelas costas. Nesse mesmo instante, fui envolvido por uma intensa luz branca. Toda a cidade foi envolvida por

> Toda a cidade foi envolvida por essa luz do terror. Quando fui atingido, estava a uma distância de 1,3 quilômetros do epicentro da bomba atômica.

- O DIA 6 DE AGOSTO DE 1945 -

essa luz do terror. Quando fui atingido, estava a uma distância de 1,3 quilômetros do epicentro da bomba atômica.

Ainda no chão, sem saber o que estava acontecendo, imaginei que algum depósito de artefatos perto dali tivesse explodido. Antes fosse. A partir do momento em que me levantasse para ver a cidade, tudo mudaria de maneira irremediável. Quando olhei ao redor, me deparei com os primeiros sinais de que algo terrível estava acontecendo em Hiroshima. A uns cem metros de onde estava, pude ver o Colégio de Moças Aki Jyogaku ser esmagado por uma força imensurável, como se o edifício fosse de papelão e não de concreto. Não conseguia imaginar o que poderia produzir tal efeito.

Voltei a atenção para o meu corpo e percebi que minha nuca ardia muito, parecia que estava sendo queimada por um fogo bem atrás de mim. Percebi também que o meu quepe não estava mais na minha cabeça, eu o havia perdido no momento em que fora arremessado. E então tudo se fez silêncio e escuridão, na cidade e na alma de todos que estavam ali.

> Intuitivamente, senti medo de olhar para a cidade, de saber o que tinha acontecido. Como poderia, em plena manhã de verão, ficar tudo escuro, como se fosse noite?

Não sei quanto tempo passou até conseguir me levantar e tomar uma atitude. Intuitivamente, senti medo de olhar para a cidade, de saber o que tinha acontecido. Como poderia, em plena manhã de verão, ficar tudo escuro, como se fosse noite? Nunca havia presenciado algo assim, poderia até imaginar que o mundo estava acabando.

Apesar do medo, precisava fazer alguma coisa e descobrir o que estava acontecendo. Deveria haver feridos precisando de socorro. Levantei e olhei ao redor, chamando pelo restante do grupo. Para minha surpresa, apenas cinco homens se levantaram e atenderam ao meu chamado. Onde estariam os outros?

Não conseguimos encontrar o restante do grupo, então decidimos seguir para o nosso destino original e buscar informações. O silêncio aos poucos foi substituído pelo barulho da destruição: ao redor, muitas casas e construções haviam desabado ou estavam pegando fogo. Muitas pessoas foram soterradas, e os incêndios se alastravam com rapidez.

Uma senhora, percebendo minha farda, aproximou-se de mim e implorou por socorro: "Senhor soldado, minha nora e meu neto estão embaixo da casa tombada; por favor, salve-os!". Não havia tempo para hesitar, era questão de vida ou morte. Eu e o restante do grupo seguimos a senhora para ajudá-la. Começamos imediatamente a remover os destroços e conseguimos resgatar a moça e seu filho a tempo.

Em questão de segundos, a casa toda pegou fogo. Fiquei parado observando aquela cena. Apesar do alívio de ter salvado uma mãe e um filho de uma situação como essa, era terrível pensar que por pouco não os vi morrerem queimados. Ao longo desse dia, nem sempre eu teria a mesma sorte. Muitos dos que sobreviveram não conseguiram salvar seus parentes. Muitas pessoas foram obrigadas a ver seus entes queridos serem consumidos pelo fogo. Como ainda ter forças para sobreviver quando se passa por algo assim?

A senhora que veio me pedir ajuda não sabia como agradecer. Eu, cada vez mais ciente da gravidade da situação, deixei para trás as palavras de agradecimento e continuei em direção à colina onde ficava o abrigo. Quando chegamos à beira do rio Motoyasu, no bairro de Yamate, ouvimos o sobrevoo de um avião B-29. O pânico tomou conta de todos. "Ataque aéreo! Protejam-se!", as pessoas gritavam.

> Muitos dos que sobreviveram não conseguiram salvar seus parentes. Muitas pessoas foram obrigadas a ver seus entes queridos serem consumidos pelo fogo.

- O DIA 6 DE AGOSTO DE 1945 -

Enquanto me preparava para me proteger, vi uma criatura surgir do rio e vir em minha direção. Fiquei confuso, pois não sabia o que era, nunca tinha visto algo parecido. Sequer tinha certeza de que se tratava de um ser humano, de tão desfigurado que estava. Ela seguia andando em minha direção com os braços estendidos para a frente. Conforme se aproximava, meu terror aumentava: era uma pessoa nua, com o corpo todo queimado, parecia revestida de carvão. O mais assustador era que sua pele estava se descolando do corpo.

Não conseguia acreditar no que estava vendo. Quando ela chegou perto de mim, caiu estatelada no chão. Superando o medo, e também sentindo pena daquela pessoa, me aproximei, tentei levantá-la e perguntei: "O que aconteceu?". Nesse momento, percebi que ela já estava morta.

Em choque, olhei ao redor e vi que havia várias pessoas na mesma situação: pessoas com as roupas em trapos, a pele inteira queimada e se descolando do corpo, presa apenas pelas unhas. Seria essa a visão do inferno? O que será que aquelas pessoas pensavam e sentiam, andando daquele jeito, caladas?

Esse foi apenas o começo do dia. Então se passou mais uma situação estranhíssima: começou a cair do céu uma chuva preta e espessa. Eram pingos mornos e enormes, que chegavam a machucar quando entravam em contato com a nossa pele e caíam da enorme nuvem negra que encobria toda a cidade. As pessoas começaram a gritar que os norte-americanos estavam jogando óleo na cidade, para nos queimar vivos. Ninguém sabia mais o que fazer ou para onde fugir. O desespero nos deixou paralisados.

Recebendo essa chuva negra, que não era óleo, mas uma chuva radioativa, a minha queimadura na nuca começou a arder ainda mais e ficou inchada. Uma senhora, que estava perto de mim quando a dor me acometeu, veio em meu auxílio e disse: "Senhor soldado, sua queimadura está feia, é bom passar isto". O "isto" ao qual se referia era uma abóbora que ela pegara da horta ao lado. Ela a quebrou e passou o caldo sobre a minha queimadura. Não sei se foi um efeito curativo de verdade ou um efeito psicológico, mas sei que me aliviou e pude recuperar o ânimo para seguir minha jornada em busca de alguma solução.

Continuei caminhando por cenários difíceis de acreditar: pessoas queimadas por toda a parte, com a pele pendurada, implorando por água. Várias delas caíram mortas na minha frente. Nesse momento, soube que o ser humano, numa situação desesperadora, tem seus nervos como que anestesiados e consegue se manter calmo.

Finalmente chegamos ao abrigo antiaéreo que ficava na colina. Desse ponto, era possível observar toda a cidade. Fui tomado por uma dor no coração e uma sensação de pânico quando vi que Hiroshima estava coberta por uma bola de fogo. Perguntei-me se ainda restaria algo da minha cidade ao fim do dia.

O abrigo estava em total desordem. Fora muito afetado pela bomba e estava destruído. Todos os oficiais estavam feridos. Olhava ao redor e me perguntava que tipo de arma teria tanto poder de destruição. O oficial responsável, que estava ferido demais para deixar o abrigo, gritou: "Não sabemos o que aconteceu em Hiroshima, não entendo o que está se passando! Será que alguém pode ir verificar?". Vendo que ninguém respondia e ninguém mais estava em condições de ir, me voluntariei para averiguar. Peguei um quepe que havia no chão e disse com firmeza: "Eu vou". Parti correndo em direção ao centro de Hiroshima novamente. Eram apenas 9h30.

Tudo parecia surreal. O abrigo ficava a certa distância do centro, eu não esperava encontrar sinais de destruição ou pessoas queimadas ali. Havia uma mistura de medo e incredulidade, mas, acima de tudo, a angústia de não saber o que estava acontecendo. De uma hora para outra, a cidade inteira estava devastada. Só poderia ser o fim do mundo.

- O DIA 6 DE AGOSTO DE 1945 -

Seguindo em direção ao centro de Hiroshima, percebi que vários feridos estavam tentando fugir da cidade e se refugiar nas montanhas. Continuei também a me deparar com pessoas que não pareciam mais ter feições humanas: corpo todo queimado, pele solta, cabelos arrepiados e emitindo grunhidos incompreensíveis. Não posso nem imaginar seu desconsolo e sofrimento.

Mas, notavelmente, algumas pessoas ainda tinham ânimo para tentar encontrar uma solução. Elas gritavam para os que estavam tentando sair da cidade: "Não fujam! Vamos apagar o fogo!". Diziam isso pegando elas próprias baldes com água para tentar apagar o fogo. Realmente, não sabia de onde tiravam forças para reagir diante do cenário em que nos encontrávamos.

Andar pela cidade com o fogo se alastrando se mostrou um desafio. Por alguns lugares não era possível passar, então tive de utilizar todo o conhecimento que tinha sobre Hiroshima para voltar ao centro. Decidi seguir em direção ao sul da cidade para contorná-la e encontrar algum lugar por onde pudesse passar. Escolhia sempre as vias mais largas para que, caso acontecesse alguma coisa, pudesse escapar com maior facilidade. Atravessei diversas pontes, sempre contra o fluxo das pessoas que estavam tentando se salvar.

Cheguei ao antigo prédio da Associação Comercial de Hiroshima, que havia sido transformado na Escola de Armas do Exército. Ali também me deparei com vários soldados feridos e precisando de cuidados médicos. Não havia como fazer curativos. Encontrei então uma farmácia deserta, onde peguei faixas e remédios para dar aos

> [Algumas] pessoas [...] não pareciam mais ter feições humanas: corpo todo queimado, pele solta, cabelos arrepiados e emitindo grunhidos incompreensíveis. Não posso nem imaginar seu desconsolo e sofrimento.

feridos. Eu ainda não sabia, mas essa era a farmácia Orishige, do pai da minha futura esposa, Ayako. Mais uma vez, o destino encontrava uma forma de nos conectar.

Após sair da farmácia, fui em direção à parada do bonde para seguir rumo ao norte da cidade. De repente, outra senhora me puxou pedindo ajuda: "Senhor soldado, um bebê está nascendo!". Havia mesmo uma mulher em trabalho de parto, e solicitei às mulheres que estavam por ali, observando, que a ajudassem, pois eu precisava continuar. Soube no futuro que o trabalho de parto fora bem-sucedido, e a criança nascera bem.

Isso aconteceu várias vezes em Hiroshima nesse dia: diversas mulheres grávidas deram à luz prematuramente por causa do susto que passaram. O que viam era tão assustador que as emoções forçavam seus bebês a sair para o mundo. Naquelas circunstâncias, muitas dessas crianças não sobreviveram.

Eram 10h30, aproximadamente. Segui em direção ao rio Ota, e pude atravessá-lo por consequência da maré baixa. O cenário ali também era caótico: havia muitos corpos estirados na margem. Muitas pessoas, querendo se aliviar do calor, se banharam no rio ou tomaram água. Pelo choque térmico, algumas não sobreviveram. Mais uma vez tive sorte, porque, nesse dia, não quis tomar água nem comer nada. Isso me livrou da contaminação pela radiação.

Continuava meu caminho como em uma partida de xadrez, avançando por onde era possível e tentando evitar o fogo. A cidade inteira continuava ardendo em chamas. Alcancei o hospital, próximo à linha do bonde, e pude ver o enorme número de feridos que estava por lá. Os médicos, igualmente feridos, esforçavam-se para ajudar as pessoas, mesmo sem recursos.

- O DIA 6 DE AGOSTO DE 1945 -

Com as forças que ainda lhes restavam, muitos dos que tiveram a sorte de sobreviver à situação continuaram lutando para ajudar nossa cidade. Eu, como policial militar, estava fazendo o máximo para entender o que tinha acontecido e ajudar as pessoas. Deixei o hospital só depois de dar palavras de encorajamento a todos ali. Nesse momento, precisávamos permanecer unidos.

Avistei a prefeitura e, em seguida, vi uma imagem que partiu meu coração: meu querido posto de vigilância tinha sido totalmente destruído. Toda a cidade estava destruída, mas a destruição do meu antigo posto de vigilância me tocou especialmente, pois era um lugar em que fui feliz e passei dias muito frutíferos de trabalho. Eu olhava ao redor e pensava em como poderíamos reerguer tudo.

Enquanto observava tristemente os destroços ao redor, o professor Nishio, chefe de uma das escolas de Hiroshima, me alcançou em tom de desespero: "Senhor soldado, há muitos alunos feridos no pátio do Colégio Itchu". "Professor", respondi, "há feridos por toda a cidade, aconselho ao senhor que procure um abrigo, pode haver mais ataques."

Embora ainda houvesse muito fogo, decidi seguir em direção ao norte junto à linha do bonde, em meio à fumaça. A cidade estava dominada por um odor insuportável, uma mistura de cheiro de queimado com o de cadáveres. Só de respirar, podíamos sentir o grau da destruição.

O caminho estava obstruído por linhas elétricas e destroços espalhados por todos os cantos. As chamas continuavam a dominar a cidade e a vegetação. Decidi passar pelo Banco do Japão, pelo museu e assim alcancei os bairros. Foi então que me deparei com mais uma das cenas terríveis que vi nesse dia. Caminhando pela ave-

> A cidade estava dominada por um odor insuportável, uma mistura de cheiro de queimado com o de cadáveres. Só de respirar, podíamos sentir o grau da destruição.

nida, hesitei por um segundo pelo susto que tomei: dos dois lados da avenida havia cadáveres estirados, com feições de surpresa, me olhando como se fossem manequins. Não sabia mais o que pensar. Será que haviam me esquecido vivo em uma cidade de mortos?

Ainda em choque, olhei ao redor e vi mais uma cena que tirou minha fala: logo adiante havia um bonde em chamas, todo queimado. Aproximei-me dele e espiei o que havia em seu interior. Diante do que vi, fiquei totalmente aterrorizado. As pessoas ardiam em chamas junto do bonde, cada uma delas com expressão de susto e horror. Era a verdadeira imagem do inferno. O cheiro insuportável de carne queimada, montes de ossada, parecia o fim do mundo! Eu não consigo nem descrever o que senti, pois vai além do limite que eu poderia aguentar!

Fiquei um tempo parado, atônito, mas precisava seguir em frente, ou não aguentaria mais. Apenas me inclinei em sinal de respeito, juntando as duas mãos, e continuei. Tive de segurar as lágrimas e o grito de horror em minha garganta para conseguir continuar. Não poderia sucumbir, não agora! Tinha de tentar descobrir o que estava acontecendo e ajudar o máximo de pessoas que pudesse.

Consegui chegar à sede da Polícia Militar. Era meio-dia, e estava agora mais próximo do epicentro da área atingida pela bomba. Vi os soldados norte-americanos que tinha encontrado no dia anterior e que estavam sendo mantidos como prisioneiros. Apenas um havia sobrevivido, os outros estavam estirados no chão, mortos. O soldado sobrevivente estava sentado, com as mãos algemadas, cabisbaixo e incrédulo, movendo-se para a frente e para trás, sem saber o que fazer. Os norte-americanos, que para mim pareciam valorizar tanto a vida de seus homens, acabaram matando seus próprios soldados.

Nesse momento, chegou da cidade vizinha de Kure um jipe da Polícia Militar. Fiquei sob comando do líder, um tenente-coronel, cujas palavras nunca esqueci: "Essa é a bomba atômica. Se a América, nossa inimiga, usa uma arma tão desumana contra nossa população, o nosso exército certamente recorrerá a uma arma ainda mais poderosa, a arma molecular."

Tudo o que passava na mente das pessoas era a vingança. Numa situação como essa, era impossível não sentir uma imensa raiva, uma vontade de fazer com que o outro lado sentisse também o que estávamos sentindo. Enquanto caminhava pela cidade, muitas pessoas gritavam: "Soldado, nos vingue!". Eu dizia que vingaria. Pensava que me vingaria.

Hoje, entretanto, não sinto raiva dos norte-americanos. Sinto raiva da guerra, por tudo o que ela causa ao ser humano. E sei também que, para sucumbirmos à guerra, basta ocorrer um ato de vingança mais destrutivo que o outro, em um ciclo sem fim. Para derrotarmos a guerra, é preciso o perdão, além do amor. Só assim as pessoas terão sua vida preservada e em paz.

Seguimos então para a ponte do rio Ota, que possui uma caracterização singular, em forma de "T", usada como alvo pelos norte-americanos. Encontramos ferido nessa região o príncipe coreano, parente do imperador Hirohito. Ele estava perdido e agonizante. Enquanto tentava socorrê-lo, surgiram seu guarda pessoal e outro súdito à sua procura. Nesse momento, para minha felicidade, reencontrei meu colega da Polícia Militar, Minami. Ele havia saído do alojamento junto a mim pela manhã, mas no momento da detonação da bomba fomos separados. Perdidos, seguimos caminhos diferentes, mas ambos tentamos retomar o caminho do quartel, o que fez com que nos encontrássemos. Eu e Minami, que era exímio remador, interceptamos um barco civil e ordenamos que fosse desocupado. Colocamos o príncipe acompa-

> Tudo o que passava na mente das pessoas era a vingança. Numa situação como essa, era impossível não sentir uma imensa raiva, uma vontade de fazer com que o outro lado sentisse também o que estávamos sentindo.

nhado de seus súditos nele e descemos o rio até encontrar um navio da Marinha japonesa, que poderia transportá-lo. Transferimos o príncipe para o navio, nos despedimos e voltamos para a cidade. Soube depois que o príncipe não resistiu e faleceu e, por isso, o guarda oficial se suicidou.

Retornando do navio, as cenas de desespero se repetiam nas margens do rio: muitas pessoas gritando por socorro, tentando aliviar o calor entrando nas águas. Depois de algum tempo, decidimos voltar ao centro da cidade, onde as coisas não estavam diferentes. Pessoas extremamente machucadas pedindo socorro por toda a parte. Tentávamos ajudá-las e orientá-las como podíamos, mas não havia muito o que fazer.

Alguns prédios, apesar dos danos que sofreram, permaneceram em pé. Esse foi o caso do prédio da Associação Comercial da Prefeitura de Hiroshima, que, embora tenha se incendiado, teve sua estrutura metálica preservada. Mais tarde, esse edifício se tornou um símbolo de Hiroshima e foi denominado Domo da Bomba Atômica. Quando passei por ele no final da tarde, ainda estava em chamas.

O dia se encaminhou para o seu fim. Apesar de sabermos que os problemas ainda estavam longe de acabar, era um alívio sobreviver. A partir de agora, o difícil seria compreender os impactos da bomba atômica e o que aconteceria com a cidade e os sobreviventes.

Depois desse longo dia, voltei para o alojamento que havia deixado pela manhã, quando a cidade ainda era cheia de vida. Esse foi um dos poucos prédios que resistiu à bomba atômica e não foi consumido pelo fogo. O que era um milagre, sendo que ele estava a apenas 800 metros do epicentro. Quando deitei na cama, meu desejo era apenas dormir e não ter pesadelos. Sabia que seria difícil ter um sono tranquilo depois de tudo o que tinha visto.

Esse foi o pior dia da minha vida e, ainda assim, nunca consegui

- O DIA 6 DE AGOSTO DE 1945 -

apagá-lo da memória. Mesmo depois de mais de setenta anos, posso revivê-lo detalhadamente, com todo o horror que presenciei.

Não posso esquecer esses acontecimentos. Esquecer é também enterrar a história da primeira vez que uma bomba de destruição em massa foi utilizada contra a humanidade. É permitir que, um dia, alguém com supostas boas intenções – como os norte-americanos, que tomaram essa atitude drástica para pôr fim à guerra – possa repetir esse feito.

Os que viveram esse dia em Hiroshima não tinham palavras diante do que viram. Apenas diziam "o que é isso?", "por quê?", em meio ao mar de destroços, às casas destruídas e aos mortos. Não há como explicar a detonação de uma bomba atômica em uma cidade cheia de pessoas inocentes, nem as 140 mil mortes – número estimado dos que perderam a vida em Hiroshima. As pessoas que estavam no epicentro morreram instantaneamente. Não é possível considerarmos tal máquina de destruição um feito da inteligência humana!

Entretanto, é preciso perdoar e seguir em frente, para que nenhuma outra disputa volte a pôr em risco a vida de tantas pessoas. Albert Einstein, ao final de sua vida, escreveu em uma carta à sua filha que o amor era a força mais potente do universo. Ele disse: "Se quisermos que nossa espécie sobreviva, se nos propusermos a encontrar um sentido para a vida, se desejamos salvar o mundo e que cada ser sinta que nele habita, o amor é a única e última resposta".

Certo de que Einstein tinha razão, espero que possamos acreditar na potência do amor e propagá-lo, para que dias como o 6 de agosto de 1945 nunca mais voltem a acontecer.

> Esse foi o pior dia da minha vida e, ainda assim, nunca consegui apagá-lo da memória. Mesmo depois de mais de setenta anos, posso revivê-lo detalhadamente, com todo o horror que presenciei.

- seis -

O PRIMEIRO ATAQUE ATÔMICO DA HISTÓRIA

Antes de continuar, devo explicar alguns fatos sobre a primeira vez em que a bomba atômica foi usada. Na verdade, não há como negar que a bomba é a outra personagem principal desta história. Afinal, ela se tornou meu maior pesadelo, assim como de todos aqueles que foram afetados por ela.

Infelizmente, nada do que relatei até aqui é fruto da minha imaginação, e tudo se repetiu em Nagasaki apenas três dias depois, em 9 de agosto de 1945, sob o pretexto de terminar a guerra. Após a segunda detonação, o Japão finalmente se rendeu, depois de ter duas cidades praticamente arrasadas de seu território. A rendição foi anunciada em 15 de agosto de 1945, mas o documento oficial só foi assinado em 2 de setembro de 1945, a bordo de um navio norte-americano que se encontrava na baía de Tóquio.

Hoje sabemos que, mais do que pôr fim à guerra, os Estados Unidos pretendiam utilizar a população de Hiroshima e Nagasaki como

> Hoje sabemos que, mais do que pôr fim à guerra, os Estados Unidos pretendiam utilizar a população de Hiroshima e Nagasaki como cobaia de um experimento, para verificar os efeitos dessa nova bomba.

cobaia de um experimento, para verificar os efeitos dessa nova bomba. A ciência nem sempre é utilizada para o bem. A história da bomba atômica começa em 1932, com a descoberta do nêutron como um dos componentes do núcleo do átomo, realizada pelo físico Ernest Rutherford. Em pesquisas posteriores, cientistas como Otto Hahn e Lise Meitner descobriram a energia que poderia ser liberada quando átomos de urânio são bombardeados com nêutrons. Esses cientistas perceberam que era possível gerar uma reação em cadeia que acarretaria efeitos devastadores. Assim surgiu a mais destrutiva bomba já vista.

Em 1939, o físico Albert Einstein escreveu uma carta ao então presidente dos Estados Unidos, Franklin Delano Roosevelt, relatando a possibilidade de criar uma arma nuclear. A intenção de Einstein era alertar os norte-americanos de que os nazistas, que estavam fazendo suas próprias pesquisas, poderiam vir a desenvolver uma arma assim. Einstein, um judeu que sabia do Holocausto, desejava que essa arma fosse utilizada pelos Aliados para acabar com os regimes totalitários do Eixo. Em sua carta, escreveu: "Um único exemplar desse tipo, levado por um navio ou detonado em um porto, poderia muito bem destruir todo o porto e uma grande área ao seu redor".

Einstein, nesse instante, entregava o "ouro" para os norte-americanos. Anos mais tarde, percebendo as consequências dessa carta, lamentou sua ingenuidade: "Cometi o maior erro da minha vida quando assinei a carta ao presidente Roosevelt recomendando que fossem construídas bombas atômicas." Sem dúvida, foi um erro. No entanto, ele não poderia saber o rumo da história e as decisões que seriam tomadas posteriormente.

Essa carta chegou ao presidente norte-americano pouco antes do ataque a Pearl Harbor e do início da guerra com o Japão. Incentivado pela informação, o presidente Roosevelt decidiu seguir em frente com suas próprias investigações. Nascia então a possibilidade de os países terem poderes bélicos jamais vistos em um conflito.

- O PRIMEIRO ATAQUE ATÔMICO DA HISTÓRIA -

As pesquisas dos norte-americanos sobre a bomba atômica começaram em 1940, e em 1941, foi descoberto que o plutônio poderia gerar a mesma reação em cadeia do urânio. Enquanto o conflito entre Japão e Estados Unidos se desenrolava, as pesquisas sobre armas nucleares continuaram a todo o vapor sob responsabilidade do Departamento de Guerra norte-americano – um indicativo de como as novas descobertas seriam utilizadas. O projeto ficou conhecido como Projeto Manhattan e tinha como objetivo desenvolver plantas-piloto até chegar à melhor versão da bomba atômica para uso em guerras.

Em 16 de julho de 1945 aconteceu no Novo México, nos Estados Unidos, a experiência "Trinity", o primeiro teste bem-sucedido com uma bomba atômica. Isso indicava o sucesso do Projeto Manhattan e a possibilidade de usar essa arma na guerra.

É triste que um projeto como esse tenha sido financiado por um governo tão poderoso. E isso não acontece só com os Estados Unidos. Outros países, como o Irã, mantêm programas próprios de energia nuclear mesmo hoje em dia. Por isso, é preciso contar histórias terríveis como a de Hiroshima e a de Nagasaki.

Após ter sido confirmada a eficiência da bomba, restava apenas decidir quando e onde ela seria utilizada. Durante a Conferência de Potsdam, o presidente Truman, que assumiu o cargo após a morte de Roosevelt, em virtude de um derrame cerebral em abril de 1945, conversou com os líderes Aliados sobre a possibilidade de detonar a bomba no Japão, obrigando o país a se render. Nessa ocasião, Itália e Alemanha já haviam se rendido.

Como já contei aqui, durante a conferência ainda foi exigida a rendição do Japão, rejeitada pelo governo japonês. Então os líderes norte-a-

> Outros países, como o Irã, mantêm programas próprios de energia nuclear mesmo hoje em dia. Por isso, é preciso contar histórias terríveis como a de Hiroshima e a de Nagasaki.

mericanos decidiram utilizar a bomba atômica. De acordo com eles, isso seria necessário para evitar mais mortes no conflito.

Inicialmente, algumas cidades japonesas foram selecionadas como alvos potenciais, todas muito populosas. Kyoto fazia parte dessa primeira lista, uma cidade muito importante por abrigar diversos templos e ter sido por muito tempo a capital do Império Japonês. Considerando que destruir uma cidade tão importante para os japoneses seria uma ofensa muito grave, e até mesmo pensando na ocupação do país após o fim da guerra, decidiram tirá-la da lista.

Restaram três opções: Hiroshima, Kokura e Nagasaki, sendo Hiroshima o alvo principal, por sua importância militar. Os norte-americanos haviam poupado Hiroshima dos bombardeios até então porque pensavam em utilizar a bomba atômica e queriam saber a dimensão exata de sua capacidade destrutiva.

A missão do dia 6 de agosto foi comandada por um homem chamado Paul Tibbets, que também pilotaria o avião até Hiroshima, saindo da ilha de Tinian, onde ficava a base norte-americana no Pacífico. Esse piloto deu ao avião o nome de sua mãe, Enola Gay. Tento imaginar como sua mãe se sentiu ao saber que seu nome fora escolhido para um avião que levou a morte a milhares de pessoas. Não é algo de que se orgulhar.

A bomba só seria detonada em Hiroshima caso o tempo estivesse propício para a avaliação dos estragos por ela causados. Como disse, isso era um experimento, e os resultados tinham de ser avaliados. Por isso, três aviões seguiram rumo ao alvo, um com a bomba e dois para tirar fotografias aéreas. O belo dia de verão, com céu azul e sem nuvens, era ideal para o objetivo dos norte-americanos. Assim, o plano foi oficialmente colocado em prática.

Às 8h15 foi lançada do Enola Gay a bomba conhecida como "Little Boy", contendo 65 kg de urânio. Quarenta e três segundos depois, ela foi detonada, cerca de 600 metros acima da cidade. Conta-se que a tripulação ficou aliviada com o sucesso da missão, a mais importante para a qual já haviam sido designados. Houve também quem visse a capacidade da bomba e perguntasse a si mesmo: "Meu Deus, o que fizemos?". A maioria da tripulação, entretanto, seguiu sua vida sem arrependimento.

É difícil condenar essas pessoas e colocar nelas a responsabilidade pelo que aconteceria a seguir. Como membros do Exército norte-americano, seu dever era servir seu país. No final, estavam apenas cumprindo ordens do presidente. Consideravam também que estavam fazendo um bem à humanidade pondo fim à guerra. No entanto, a paz não pode ser alcançada com bombas. Por isso, devemos sempre condenar a guerra.

Quando a bomba foi detonada, houve um imenso clarão, e então se ergueu uma nuvem em forma de cogumelo, que pôde ser vista de muito longe. Esse cogumelo provocou ventos muito fortes, que espalharam a radiação por toda a cidade. A chuva escura que caiu depois da detonação também era radioativa. Aqueles que entraram em contato com ela para se refrescar, desesperados por água ou pela temperatura quente de sua pele, não resistiram a esse veneno.

A temperatura no epicentro chegou a mais de 1 milhão de graus Celsius, suficiente para fundir aço. As pessoas que estavam nessa área praticamente evaporaram. Ainda hoje há na cidade marcas no concreto de pessoas que foram atingidas pela radiação e não tiveram chance de reagir. A bola de fogo que surgiu alcançou um diâmetro de 280 metros em apenas um segundo. Muitas casas em Hiroshima eram construídas com madeira. A cidade logo se transformou em uma imensa chama.

Como era verão, grande parte das pessoas estava com roupas leves e a pele descoberta.

> A temperatura no epicentro chegou a mais de 1 milhão de graus Celsius, suficiente para fundir aço. As pessoas que estavam nessa área praticamente evaporaram.

- A ÚLTIMA MENSAGEM DE HIROSHIMA -

Eu, por ser oficial da Polícia Militar, usava no momento da queda da bomba uma pesada farda, que me protegeu. A parte da pele que estava descoberta, a nuca, foi onde tive uma séria queimadura. Acredito que o fato de estar de farda foi um dos principais fatores para minha sobrevivência. Muitos não tiveram a mesma sorte. No momento da detonação, cerca de 80 mil pessoas morreram, e dezenas de milhares ficaram feridas. Muitas morreriam mais tarde pelos efeitos da radiação.

Aqueles que sobreviveram não puderam seguir uma vida tranquila, pois sua saúde foi severamente impactada. Dias depois, pessoas começaram a ter manchas roxas pelo corpo, queda de cabelo e vômitos incessantes. Muitas morreram desse efeito, que não tinha cura. O desespero tomou conta daqueles que ainda estavam vivos.

Como o Japão não se rendeu, ainda houve outro trágico ataque, dessa vez à cidade de Nagasaki. Nagasaki não era o alvo principal dos norte-americanos nessa segunda ofensiva; seu alvo era a cidade de Kokura. Nesse dia, entretanto, o tempo em Kokura não estava favorável para a missão. Isso aconteceu para a sorte de Kokura e o azar de Nagasaki.

No dia 9 de agosto de 1945, após ter seu alvo alterado, a bomba "Fat Man", composta de plutônio, foi detonada acima de Nagasaki às 11h02. O efeito foi o mesmo que o observado em Hiroshima: pessoas instantaneamente carbonizadas, pessoas queimadas e com a pele se descolando do corpo, pessoas morrendo pelos efeitos da radiação. Houve dezenas de milhares de vítimas, a maioria composta de mulheres e crianças, como em Hiroshima, porque grande parte dos homens estava nas frentes de batalha.

Nagasaki é uma cidade cristã. Talvez a mais adepta do Cristianismo no Japão. A parte que foi atingida pela bomba estava repleta de monumentos históricos e religiosos. As fotos que mostraram a destruição de Nagasaki chocaram o mundo ocidental, pois mostravam imagens de símbolos católicos danificados.

- O PRIMEIRO ATAQUE ATÔMICO DA HISTÓRIA -

Não consigo aceitar o fato de tudo isso ter acontecido por causa da guerra. Por que essas pessoas tiveram de sofrer tanto, ou mesmo morrer, para que a guerra acabasse? Não havia outra forma que não a destruição de duas cidades inteiras?

Finalmente, após a destruição de Hiroshima e de Nagasaki, foi anunciado oficialmente o fim da Segunda Guerra Mundial. Outras cidades do mundo, como as famosas fotos em Nova York registram, celebravam com muita alegria o fim desse conflito sangrento e que parecia nunca chegar ao fim.

Havia terminado a guerra para o Japão também, como eu há muito esperava. Mas, para mim e para todos em Hiroshima e Nagasaki, não havia motivo para comemoração. Tudo pelo que poderíamos esperar era sobreviver mais um dia. Não sabíamos como reconstruir nossas cidades.

Mais de setenta anos depois, ainda não se sabe ao certo todos os efeitos da radiação na saúde. Todos os que, como eu, tiveram sorte de sobreviver, têm o medo constante de descobrir novas consequências. Tememos cada exame de rotina, pois não sabemos o que esperar.

Nunca conseguimos superar inteiramente o que vivemos, nem esquecer o que vimos em agosto de 1945. Como contarei a seguir, continuei lutando pela minha sobrevivência, mas sem me esquecer da felicidade e do lado bom da vida. Afinal, mais uma vez recebi uma segunda chance, e faria de tudo para não a desperdiçar.

> Todos os que, como eu, tiveram sorte de sobreviver, têm o medo constante de descobrir novas consequências. Temememos cada exame de rotina, pois não sabemos o que esperar.

- sete -

A VIDA PÓS-BOMBA ATÔMICA

O PIOR DIA DA MINHA VIDA HAVIA ACABADO, mas a paz ainda estava distante. Era preciso reconstruir a cidade e encontrar uma maneira de lidar com a perda dos entes queridos. Além de tudo, os problemas de saúde começaram a aparecer. Havia muitos desafios por vir.

Os dias seguintes aos da bomba foram caóticos. Assim como a véspera, o dia 7 de agosto de 1945 também amanheceu bonito e ensolarado. Eu, como oficial da Polícia Militar, não poderia descansar e me recuperar da queimadura que havia sofrido na nuca, tampouco do impacto psicológico causado por tudo o que presenciei. Havia um longo trabalho pela frente e o meu cargo exigia dedicação pela cidade.

Saí bem cedo do quartel, pronto para zelar pela segurança da população. As cenas tristes infelizmente não haviam acabado. Caminhando pela cidade me deparei com os mesmos escombros do dia anterior. Havia fumaça por toda a parte, pessoas feridas e muitos cavalos com os corpos inchados e as patas para cima. Eu olhava ao redor e me perguntava se algum dia seria possível olhar para Hiroshima e ver novamente uma bela cidade.

Havia também a necessidade de juntar os cadáveres para que pudessem ser enterrados ou cremados, pois era preciso eliminar o terrí-

> Segui pela cidade e percebi que muitas pessoas, desesperadas por notícias de familiares e amigos, agora chegavam a Hiroshima. Muitas delas não conseguiram nenhuma informação.

vel odor que impregnava a cidade. A extensão da destruição em Hiroshima era incomparável com o que vi em Tóquio.

Segui pela cidade e percebi que muitas pessoas, desesperadas por notícias de familiares e amigos, agora chegavam a Hiroshima. Muitas delas não conseguiram nenhuma informação. Nunca ficaram sabendo o que realmente aconteceu com seus entes queridos e não tiveram sequer um corpo do qual se despedir. Esse é um vazio que não pode ser preenchido.

Como estava preocupado em ajudar o máximo possível de pessoas, acabei não cuidando de mim mesmo. Logo, minha queimadura na nuca piorou e ficou ainda mais inchada, a ponto de eu não conseguir mover o pescoço. Vendo meu estado e o perigo que isso poderia representar, o médico do quartel disse que eu deveria me internar, assim como outros soldados, que já haviam sido transferidos para o hospital.

Era preciso me recuperar e deixar o serviço de lado por um tempo. Ao menos, isso era o que eu deveria ter feito. Mas não poderia pensar na minha nuca enquanto a cidade toda estava em chamas, com tantos feridos precisando ser levados para o hospital e tanta coisa a ser feita. Decidi então ignorar a recomendação médica e continuei em serviço. Entretanto, eu seria obrigado a seguir o conselho do médico.

Poucos dias depois, a ferida ficou ainda pior e o odor tornou-se insuportável. Não podia mais postergar o tratamento. Fui até o portão para esperar o veículo que me transportaria para o hospital junto de outros policiais. Esse era o dia 9 de agosto de 1945, o dia do outro desastre no Japão.

A VIDA PÓS-BOMBA ATÔMICA

Enquanto aguardava, pude observar a enorme quantidade de pessoas que continuava chegando em busca de notícias. Estavam aterrorizadas, sem saber o que esperar. Ninguém sabia do perigo da radiação e dos danos que ela poderia causar à saúde.

Enquanto esperava, vi um residente da vila de Sagotani, o senhor Ueno. Quando me viu, levou um susto: "Mas você está em Hiroshima? Seus pais disseram que você estava em Tóquio". Expliquei a situação e pedi que informasse à minha família que eu estava na cidade e que estava vivo. Nessa época minha família vivia no interior, na vila onde nasci, por isso – para meu alívio – não estava no raio de efeito da bomba atômica. O senhor Ueno partiu com a promessa de levar o recado a eles.

Meus pais não sabiam que eu estava de volta a Hiroshima, só por isso não foram imediatamente me procurar, como aquelas pessoas que eu via passar. Desde que retornei à cidade, após o curso da Escola Militar, não tive tempo para visitá-los ou avisá-los. Tudo aconteceu muito rápido, mas sabia que precisava entrar em contato com eles e dizer que estava bem.

Enfim chegou o transporte que nos levaria ao hospital. Este, na realidade, era um hospital improvisado em uma escola, para atender ao grande número de feridos. Durante o percurso pude ver a real dimensão dos danos. Via dos dois lados da avenida casas destruídas e sobreviventes estirados no chão, sem saber o que fazer. Todos guardavam um semblante triste e desiludido, como mortos-vivos. Era uma calamidade.

No hospital, as salas de aula foram transformadas em leitos para tratar dos feridos. Nesses locais, esteiras serviam como camas para os doentes. Os recursos eram escassos, havia poucos médicos e falta de remédios, mas não faltavam dedicação e boa vontade, e logo que chegamos, recebemos tratamento. Todos sabiam que não havia tempo a perder.

Após passarem óleo sobre a minha queimadura, logo adormeci.

O cansaço dos últimos dias havia se acumulado no meu corpo e enfim percebi que chegara ao meu limite. Era preciso descansar. Descansei como pude, mas tudo ao redor era agitação.

Quando acordei, finalmente tive boas notícias: meu pai estava ao lado da minha cama. Certamente, logo depois que recebeu a mensagem do senhor Ueno veio ver de perto meu estado. Estava muito feliz por vê-lo novamente! No dia seguinte vieram minha mãe e minha irmãzinha Emiko. No trajeto de casa até o hospital, elas tiveram que se esconder várias vezes ao avistarem aviões inimigos cruzando o céu da cidade.

Foi uma visita agradável não só para mim, mas para os outros que estavam internados: meu pai trouxe alimentos frescos da lavoura e leite, que ajudariam na recuperação dos doentes. Trouxe também chá de folhas de caqui, que diziam ser bom para os sobreviventes. Dividi os mantimentos com os outros e todos ficaram contentes por apreciar uma comida saborosa novamente.

Meu pai, minha mãe e minha irmã permaneceram algum tempo em minha companhia. Depois, retornaram para a vila de Sagotani dizendo que voltariam a me visitar em breve. Ainda não sabia por quanto tempo ficaria internado, pois minha ferida exigia muitos cuidados. Senti falta deles assim que partiram, mas me alegrei com a certeza de que os reencontraria em breve. A guerra arrasou a cidade de Hiroshima, mas não conseguiu tirar minha família de mim. Éramos todos sobreviventes.

Como mencionei, o dia 9 de agosto trouxe mais notícias terríveis. Do hospital, soubemos que a cidade de Nagasaki tinha recebi-

- A VIDA PÓS-BOMBA ATÔMICA -

do um ataque de bomba atômica também. Não podia acreditar no quanto meu país estava sendo destruído. Temendo o pior, imaginei que, caso a guerra não terminasse, iriam detonar bombas atômicas em todo o Japão.

No hospital chegavam mais e mais soldados feridos, e a capacidade de atendimento, que já era precária, ficava cada vez mais sobrecarregada, pois estávamos ficando superlotados e não havia perspectiva de melhora. Como não havia recursos para atender a todos, a população ficou entregue à própria sorte. Foi então que o fantasma da bomba atômica voltou a nos assombrar. Apesar das dificuldades, aqueles que estavam nos hospitais já se consideravam sobreviventes e pensavam que o pior havia passado. Mas estavam enganados.

Como os dias continuavam quentes e ensolarados, eu ficava no pátio tomando sol com outros soldados. Num desses dias, um soldado chamou o médico que estava passando e disse: "Senhor médico, olhe como o meu cabelo cai". Ao dizer isso, passou a mão pela cabeça e tirou um chumaço de cabelo. Fiquei assustado ao presenciar essa cena, pois não era pouco cabelo e saiu sem dificuldade. Perguntei-me se perderia meu cabelo também. O médico, mesmo que tivesse ficado preocupado, não demonstrou naquele momento: "Fique tranquilo, seu cabelo vai crescer novamente".

Esse foi o primeiro indício de que algo terrível estava acontecendo com quem havia sido afetado pela radiação. Em poucos dias, os soldados que tiveram queda de cabelo precisaram ficar de cama. Agora, os sintomas que apresentavam eram mais alarmantes: inchaço, manchas roxas por todo o corpo, sangramento na gengiva e diarreia.

> Em poucos dias, os soldados que tiveram queda de cabelo precisaram ficar de cama. Agora, os sintomas que apresentavam eram mais alarmantes: inchaço, manchas roxas por todo o corpo, sangramento na gengiva e diarreia.

Apesar do esforço das enfermeiras para tratar essas pessoas, logo elas começavam a vomitar sangue e então faleciam, após muito sofrimento. Os casos de "doença da bomba atômica", doença de *pika-don*, começaram a se alastrar pelo hospital e por toda a cidade. Não havia o que fazer, restava a elas apenas aguardar a morte.

Diante do que via ao meu redor, temi ser afligido por essa doença. Afinal, ninguém sabia o que a causava ou se todos aqueles que sobreviveram à bomba estariam condenados a morrer desse jeito. Era como virar uma ampulheta e ficar aguardando a própria morte chegar. A ansiedade era nunca saber ao certo quando seria. Quando esse sofrimento teria fim? Não sabia se algum dia voltaria a viver minha vida em paz, sem o fantasma da bomba atômica me assombrando.

Outro acontecimento muito incômodo foi a chegada dos novos habitantes de Hiroshima: as moscas. De um momento para outro, parecia que a cidade havia sido tomada por esses insetos, que ficavam rodeando os feridos. E as moscas não só rondavam as queimaduras como também depositavam seus ovos nelas. Isso nos deixou ainda mais tensos. Era horrível ver as larvas saindo dos cadáveres quando as pessoas morriam.

Às vezes não conseguia acreditar que o que estava vivendo era real. Mas, apesar de tudo, ainda estava vivo e melhorando. A vida parecia não querer me abandonar e eu era grato por isso. Não via a hora de me recuperar e retornar ao meu trabalho.

No dia 15 de agosto, chegou, por meio do rádio, a notícia inevitável: o fim da guerra. Mesmo que a rendição do Japão pusesse fim àquele sofrimento, também significava que havíamos fracassado e tudo o que acreditávamos e pelo qual havíamos lutado,

> Os casos de "doença da bomba atômica", doença de *pika-don*, começaram a se alastrar pelo hospital e por toda a cidade. Não havia o que fazer, restava a elas apenas aguardar a morte.

tinha acabado. Em uma transmissão extraordinária, o imperador Hirohito discursou por mais de quatro minutos sobre a rendição do Japão. Dizia que a população passara esse tempo todo "suportando o insuportável... resistindo ao irresistível...". Nesse momento caí em lágrimas, diante da expressão "suportando o insuportável". Afinal, foi isso o que fizeram aqueles que presenciaram a detonação da bomba em Hiroshima e em Nagasaki. As lágrimas que escorreram pelo meu rosto eram o sentimento acumulado durante todo esse período de sofrimento.

Diante das palavras do imperador, fiquei em paz por finalmente termos uma trégua em meio a tanta guerra. Mas, mais uma vez, fiquei consternado pelo fato de só terem se rendido após a destruição de duas cidades inteiras. Sempre vou me perguntar o motivo de não terem posto fim ao conflito antes que milhares de pessoas tivessem de morrer.

Minha alegria pelo fim da guerra não era compartilhada por muitos dos meus companheiros. Pouco tempo depois da declaração do imperador, alguns marinheiros começaram a passar pela região gritando: "A guerra não terminou... A transmissão é falsa... É complô dos judeus!". A questão é que muitos não conseguiam acreditar na rendição e na derrota do Japão. Os militares e a população em geral haviam sido doutrinados a acreditar que o nosso império era invencível, jamais poderíamos aceitar uma derrota. Perder era considerado uma falha imperdoável.

No hospital, o ambiente estava pesado e muitas pessoas cobravam dos policiais militares uma explicação para algo tão absurdo como aquela derrota. Para elas não era um alívio, mas uma vergonha para a pátria. Quando me procuravam para saber se era verdade, eu apenas

> Os militares e a população em geral haviam sido doutrinados a acreditar que o nosso império era invencível, jamais poderíamos aceitar uma derrota. Perder era considerado uma falha imperdoável.

dizia: "Vocês têm de se recuperar! A prioridade agora é que fiquem bem." A realidade é que não podíamos mais alimentar ilusões, o Japão havia perdido e se rendido incondicionalmente.

Após tantos acontecimentos, no dia 15 de setembro eu pedi para ter alta, apesar de ainda não estar totalmente recuperado. Nesse momento, precisava descansar e estar com minha família, então pedi uma licença para passar um período em casa.

Como não havia transporte para a vila dos meus pais, tive de seguir a pé desde o hospital. Então todos os pensamentos que estava tentando evitar vieram à tona ao longo do caminho. Dentro de mim, eu carregava agonia, insatisfação, desespero e ansiedade diante da incógnita do destino. O que seria de nossas vidas agora? O que seria do Japão?

Quanto mais caminhava, mais esses sentimentos ficavam fortes e me atormentavam. Estava no meio de uma floresta e precisava colocar tudo isso para fora, então peguei minha espada de policial militar, a espada dos samurais, e comecei a cortar os galhos dos pinheiros que me cercavam. Cada galho cortado era um sentimento ruim que colocava para fora. Precisava fazer alguma coisa para liberar as energias negativas, então essa "luta imaginária" me ajudou a relaxar. A frustração que eu carregava era do tamanho do Japão nesse momento.

Chegar à vila e encontrar meus pais foi uma grande alegria. Todos ficaram felizes em me ver e, nessa noite, decidimos fazer uma festa para compartilhar boas conversas. Há muito tempo não tínhamos uma reunião de família como aquela. Algo assim não era possível em tempos de guerra.

Nesse momento, uma surpresa nos deixou ainda mais felizes. No meio da festa, bateram à porta e quem entrou foi meu irmão Akira, que havia se alistado no grupo dos *kamikazes*. Ele havia conseguido se livrar da morte depois de ser transferido para outra província.

- A VIDA PÓS-BOMBA ATÔMICA -

Realmente, a família Morita tinha muita sorte e a festa agora estava completa! Brindamos e conversamos muito ao longo da noite. A alegria era tanta que a reunião seguiu até o amanhecer! Sentimos como se estivéssemos em um filme com um final feliz. Como era bom celebrar com tranquilidade!

Mas teríamos de enfrentar outras dificuldades além das consequências das bombas. No dia 17 de setembro, chegou à região o tufão Makurakazi, que arrasou algumas construções que ainda estavam de pé e levou muitas vidas. O hospital em que estive internado também foi atingido, e um deslizamento causou a morte de quase todos os pacientes e da equipe médica. Até uma equipe médica que tinha vindo da Universidade de Kyoto não sobreviveu. Se eu não tivesse deixado o hospital no dia 15, poderia ter sido uma das vítimas.

Apesar da destruição que provocou, esse fenômeno não trouxe apenas morte. O tufão Makurakazi, que atingiu a cidade de Nagasaki e depois Hiroshima, ajudou a limpar ambas da radiação produzida pela bomba atômica. Hiroshima, que não era habitualmente atingida por tufões, nesse ano foi acometida por dois. Parecia que finalmente havia alguém, mesmo que fossem forças divinas, intercedendo por nós. O tufão trouxe uma nova esperança para os sobreviventes.

> O tufão Makurakazi, que atingiu a cidade de Nagasaki e depois Hiroshima, ajudou a limpar ambas da radiação produzida pela bomba atômica.

Após as bombas, muito se falou sobre as consequências da radiação, inclusive dizia-se que as duas cidades permaneceriam sem vida, sem crescimento de vegetação durante um período de setenta anos e seus sobreviventes morreriam em dois anos. Mas o tufão drenou o veneno de nossa cidade e trouxe o renascimento. Aprendemos que a vida também era feita de coincidências que traziam alegria e prosperidade, não só de destruição.

Pouco tempo depois, retomei o trabalho na Polícia Militar, em Hiroshima. Foi devastador ver minha cidade totalmente destruída, com poucas expectativas de superação. Mas, apesar do desamparo e das dúvidas quanto ao futuro, era preciso seguir trabalhando pela reconstrução.

Havia muito a ser feito. Como havia pouco policiamento, precisávamos cuidar da segurança da população, além de ajudar na reconstrução da cidade e auxiliar no constante trânsito de documentos que eram enviados a Tóquio. Após a devastação de cidades inteiras, o destino do país estava sendo decidido.

Nessa época, o Japão passaria por uma enorme transformação. Após o anúncio da rendição, a própria figura do imperador perdeu os poderes políticos e militares. O país passou a ser controlado pelos Aliados, que tinham como líder em nosso território o general MacArthur. Além disso, perdemos todos os territórios que havíamos ocupado, incluindo o da Coreia. Em 1947, também foi promulgada uma nova Constituição, que proibia o Japão de organizar novas forças militares ou de resolver conflitos por meio de guerra.

O destino da Polícia Militar era incerto. Havia uma expectativa de que nós, oficiais, seríamos contratados pelos novos chefes de Estado para trabalhar na segurança do país. Essa expectativa acabou se revelando falsa: em novembro de 1945, a Kempeitai foi dissolvida e todos os membros foram impedidos de exercer qualquer cargo público. Afinal, não queriam ter por perto a temida Polícia Militar do Império.

O sonho de fazer parte da Polícia Militar durou poucos meses. Agora não havia mais o que fazer na cidade de Hiroshima, então decidi retornar para a casa da minha família no interior. Mais uma vez, teria de recomeçar. Essa era a situação de todo o país, e especialmente dos jovens. Após termos dedicado a vida à guerra, fomos abandonados pelo novo governo e não tínhamos muitas perspectivas.

Na vila de Sagotani muitos jovens se sentiam perdidos, sem saber qual rumo tomar. Como ex-oficial da Polícia Militar, ainda inspirava respeito, então muitos me procuravam para conversar sobre o futuro. Começamos a nos reunir em grupos com frequência para trocar experiências sobre o que havíamos passado e o que estávamos sentindo. Tornei-me uma espécie de líder para esse grupo e cada vez mais me empenhava em ouvir o que os outros tinham a dizer e em elevar o ânimo de todos. Pensei então em organizar uma peça de teatro para entreter a vila.

A ideia foi bem recebida, então convocamos todos para participar dos preparativos de um Festival Cultural de Outono. Começamos a ensaiar para a peça e todos se envolveram. O prefeito, os diretores de escola, aqueles que já tinham experiência artística, cada um ajudava como podia para que tudo saísse da melhor forma.

No dia da apresentação, o auditório estava completamente lotado. A peça *A última cena de Mori no Ishimatsu* (peça conhecida no Japão que narra a história de um membro da yakusa e mostra a vitória do mocinho sobre o vilão), da época dos samurais, foi um enorme sucesso. Encenei dois papéis ao mesmo tempo, o de chefe dos "mocinhos" e o de chefe dos vilões.

Esse festival trouxe uma enorme alegria para o povoado. Os jovens, até então desiludidos, puderam se ocupar e ter um propósito, enquanto os idosos e as crianças tiveram uma peça de teatro para assistir e se entreter, relembrando dos valores da tradição nipônica. Depois de tanto tempo dedicado ao esforço de guerra, pudemos também rir novamente. Agora, podíamos nos lembrar de quem éramos! Além de soldados ou sobreviventes, éramos pessoas comuns, que até então levávamos nossas vidas com simplicidade e em harmonia com a natureza exuberante do Japão.

Assim se encerrava o ano de 1945 e começava 1946. Mais do que nunca, esperávamos que, com o novo ano, viessem tempos melhores. Apesar de sabermos quanto trabalho tínhamos pela frente e como seria difícil reconstruir o país, esse era um momento para celebrar.

Diziam que a expectativa de vida dos sobreviventes da bomba atômica seria de dois anos. Eu, sendo tão jovem, não poderia esperar viver apenas mais dois anos. Meu pai também não estava preocupado com minha sobrevida e queria que eu retornasse ao trabalho. Não quis trabalhar na lavoura com ele, então decidi retornar a Hiroshima e prestar serviços como relojoeiro, um ofício que havia aprendido muito bem.

Hoje penso que, se tivesse ficado no interior, provavelmente teria trabalhado em prol da comunidade, talvez como assistente do administrador da vila. No tempo em que fui policial militar pude perceber minha capacidade de entender as pessoas e ajudá-las. O destino sempre nos dá diversas oportunidades, e cabe a nós escolher qual rumo tomar.

Apesar disso, mais uma vez estaria de volta a Hiroshima, minha cidade, que parecia não querer se desapegar de mim. Lá, precisaria reconstruir minha vida, assim como a própria cidade teria de se reerguer. Sobretudo, ainda teria de lidar com as incertezas quanto à minha saúde.

> No tempo em que fui policial militar pude perceber minha capacidade de entender as pessoas e ajudá-las. O destino sempre nos dá diversas oportunidades, e cabe a nós escolher qual rumo tomar.

- oito -

O RETORNO PARA CASA

Era preciso recomeçar e buscar novos objetivos de vida. A cidade de Hiroshima já começava a encontrar certa ordem em meio ao caos, mas ainda havia muito a ser feito. Toda a população tentava seguir adiante com os recursos disponíveis. Ainda assim, eu me perguntava se um dia poderia olhar para a cidade sem ver os vestígios de destruição. Minha mente e os sentimentos que trazia em mim me diziam que não.

No início de fevereiro de 1946, retirei os meus queridos instrumentos de relojoeiro da caixa na qual os havia guardado com todo o cuidado. Agora, eles iriam comigo a Hiroshima para recomeçar minha carreira. Esses instrumentos representavam a esperança de uma vida nova e próspera.

Quando ainda estava no interior, morando com meus familiares, meu pai e eu descobrimos que havia em Hiroshima uma propriedade da família que, embora afetada pela radiação, estava em bom estado. Ela ficava no bairro de Funairi, Kawaguchicho, e abrigaria a Relojoaria Morita e meu novo lar. Foi com boa expectativa que pendurei a placa na frente da casa, indicando o novo comércio que se iniciaria ali.

> Sem nenhum suporte do governo, toda a população se via obrigada a cuidar de si como podia. Muitas famílias começaram a reconstruir suas casas nos seus antigos terrenos, com os recursos de que dispunham. Surgiram, assim, barracões por toda a cidade.

Tive muita sorte em ter um local para morar e trabalhar, visto que muitas pessoas em Hiroshima estavam desabrigadas. Após a bomba atômica, a maior parte dos sobreviventes deixou a cidade para morar com parentes, mas essa era uma solução temporária e, com o tempo, muitos voltaram para a cidade. Sem nenhum suporte do governo, toda a população se via obrigada a cuidar de si como podia. Muitas famílias começaram a reconstruir suas casas nos seus antigos terrenos, com os recursos de que dispunham. Surgiram, assim, barracões por toda a cidade.

Entretanto, moradia não era o único problema em Hiroshima. Simplesmente não havia comida disponível na cidade. Para amenizar a situação, os norte-americanos começaram a mandar caminhões com mantimentos para a população. O comércio também havia sido comprometido, então foram montadas feiras clandestinas no centro, que, assim como as casas, eram barracas improvisadas.

Numa situação como essa, era um privilégio ter um lugar para morar e exercer minha profissão. E nessa nova propriedade não seria só em trabalho que eu estaria interessado: na mesma rua da Relojoaria Morita, eu iria conhecer o amor da minha vida e minha eterna companheira, Ayako Orishige. Esse realmente seria o começo de uma nova vida.

A família Orishige tinha uma farmácia muito conhecida na cidade que foi destruída pela bomba. Após o evento, o estabelecimento foi reconstruído pela família, e Kunzo Orishige, irmão de Ayako, iniciou também uma segunda farmácia que ficava ao lado da relojoaria que eu estava abrindo. Shoichi Orishige, pai de Ayako, tinha paixão pelos estudos e tornou-se um exímio farmacêutico autodidata. Após se

- O RETORNO PARA CASA -

casar com sua primeira esposa, Tsuino, Shoichi abriu sua primeira farmácia. A Farmácia Orishige era muito próspera, e Shoichi evoluiu muito na profissão. Chegou, ao longo de sua atividade, a alcançar o posto de presidente da Associação dos Farmacêuticos de Hiroshima.

Ayako nasceu em 4 de abril de 1925. Tinha uma irmã, Emiko, e um irmão, Kunzo, ambos mais velhos. A família levava uma vida muito boa, mas uma severa perda não tardou a se abater sobre eles. Após se mudarem para uma casa maior em Hiroshima, a mãe de Ayako começou a limpar a propriedade sem saber que nela havia morrido uma pessoa com tuberculose. Tsuino contraiu a doença e passou a ter uma vida muito reclusa, evitando o contato com os filhos para que não ficassem doentes também. Ela faleceu quando Ayako tinha apenas 4 anos.

Mais tarde, Shoichi Orishige casou-se novamente. Com sua segunda esposa, Shizue, que era bem mais jovem que ele, teve mais dois filhos, Akitoshi e Kazuyuki. Apesar de ter seguido sua vida, Shoichi, em algumas ocasiões após a guerra, discretamente comentava com sua filha Ayako como sentia falta da primeira esposa. Sabendo da evolução da medicina e do surgimento de novos medicamentos, não deixava de se lamentar pela morte prematura de Tsuino. Ele costumava dizer com tristeza: "Ah, se tivesse esse remédio naquela época, Tsuino ainda estaria conosco."

Quando terminou o colegial, Ayako já era moça e desejava continuar os estudos em Tóquio, como fizera sua irmã Emiko, que cursou faculdade de farmácia na capital japonesa. Com o início da guerra, no entanto, teve de mudar seus planos como todos os japoneses, e terminou o estudo superior em Hiroshima mesmo. Ela se formou em curso superior de Economia Doméstica, na Escola Missionária Jyogakuin de Hiroshima, onde passei algum tempo na minha infância.

Nessa época, no Japão, não era comum que os pais incentivassem as filhas a estudar. Esperava-se que as mulheres se dedicassem a cuidar da casa e dos filhos. O pai de Ayako, entretanto, não partilhava dessa mentalidade e valorizava a educação, então permitiu que as filhas continuassem os estudos. A madrasta de Ayako, surpresa com a postura do marido, costumava dizer a ele: "Se ela vai casar, para que precisa estudar?". O senhor Orishige dizia que era a mulher quem educava os filhos, então era importante que estudasse. Essas eram ideias muito avançadas para a época.

> No Japão, é costume nos apresentarmos aos novos vizinhos quando nos mudamos; assim, fui me apresentar. Quando entrei na Farmácia Orishige, levei um susto, pois não esperava ser recebido por uma moça tão bonita.

Quando iniciei meu trabalho na relojoaria, Ayako passava uma temporada na Farmácia Orishige, administrada por seu irmão mais velho, Kunzo. Seu pai havia lhe pedido que viesse ajudar o irmão, pois a esposa dele estava morando temporariamente na casa dos pais para dar à luz o filho do casal. Foi então que tivemos o nosso primeiro encontro.

No Japão, é costume nos apresentarmos aos novos vizinhos quando nos mudamos; assim, fui me apresentar. Quando entrei na Farmácia Orishige, levei um susto, pois não esperava ser recebido por uma moça tão bonita. Ayako me recebeu com o típico cumprimento japonês, curvando-se na minha direção. Tímido, falei o essencial e me retirei às pressas. Ayako muitas vezes contou essa história rindo, lembrando-se da cena. Dizia entre gargalhadas que, quando terminou o cumprimento, não havia mais ninguém na sua frente. Pensava se não tinha imaginado aquela visita.

Em outra oportunidade, pude me apresentar ao irmão de Ayako e logo nos demos bem. Comecei a frequentar a casa dos Orishige e pude conhecer melhor Ayako. Com a convivência, tornamo-nos amigos e costumávamos contar um ao outro as experiências que tivemos com a bomba atômica.

Ayako me contou que, em agosto de 1945, estava trabalhando na repartição pública da província de Hiroshima, no Departamento de Saúde e Higiene. Naquele 6 de agosto, o destino tomou providências para que ela também sobrevivesse à bomba. Um dia antes, o senhor Suzuki, que trabalhava com ela, anunciou a todos que fora convocado pelo departamento central para ajudar na remoção de alguns prédios do centro. Tratava-se daquela medida que mencionei contra incêndios, em que edifícios eram derrubados para que o fogo não se alastrasse em caso de ataques. Muitas mulheres e crianças haviam sido recrutadas para esse trabalho.

Ao receber essa informação, Ayako soube que estava na lista dos que acompanhariam o senhor Suzuki no dia seguinte. Um problema de saúde, entretanto, impediu-a de participar da remoção e salvou sua vida. Ouvindo essa história, até hoje me sinto aliviado. Realmente, era nosso destino nos conhecermos para formar uma família.

Como Ayako estava com uma inflamação na barriga e, por isso, com dificuldade para se locomover, o senhor Suzuki lhe orientou a não ir para o centro naquele dia e pediu que ficasse trabalhando no escritório. Ayako pensou em ir mesmo doente, mas acabou seguindo o conselho de seu colega. Ele riscou o nome dela da lista de presença, prometendo que ela iria com a próxima equipe que fosse escalada.

Naquele fatídico 6 de agosto, Ayako chegou por volta das 7h30 ao Departamento de Saúde e Higiene e começou, antes dos seus trabalhos habituais, a fazer a limpeza da sala vazia, pois a maioria de seus colegas tinha ido ao centro da cidade. Às 8h15, ela percebeu uma intensa luz, e um impacto a lançou cerca de cinco metros para a frente. A princípio, pensou que fosse um bombardeio e sua única reação foi chamar pela falecida mãe. Decidiu então fugir do local, para que não fosse soterrada em caso de explosão. Nesse momento já se encontrava ferida e ensanguentada.

Ao sair do prédio, que logo depois se incendiou e desabou, deparou-se com as mesmas cenas que eu: a cidade inteira destruída e em chamas, pessoas queimadas e corpos mutilados por toda a parte. Ayako andou por Hiroshima à procura de um hospital ou um lugar para se abrigar. O hospital que encontrou estava superlotado, não havia como a atenderem.

Passou a noite na casa de conhecidos, que também estava cheia de pessoas que procuravam abrigo. O que mais tocou Ayako foi a história de uma senhora ali presente: após a detonação da bomba, sua filha ficou presa sob os escombros. Enquanto pedia ajuda, o fogo se espalhou pelo local. A filha dessa senhora, sem esperanças de sobreviver, pediu-lhe que fugisse com seu marido e seu filho. Ayako me contou que a senhora desabou em prantos e ninguém tinha palavras para confortá-la. Assim como eu, Ayako se perguntava: "E se não houvesse guerra?".

No dia seguinte, Ayako se refugiou em uma colina, ainda sem notícias de seus familiares. Passados alguns dias e decidida a saber o que havia acontecido com eles, retornou para a casa onde havia se abrigado após a queda da bomba. Finalmente, no dia 10 de agosto, o irmão de Ayako descobriu onde ela estava e foi ao seu encontro. Soube por meio dele que a família estava na farmácia no momento da detonação. Felizmente ninguém perdeu a vida, apenas ficaram muito feridos.

Essa era uma experiência que certamente nos conectava. Ayako compreendia meu sofrimento, assim como eu compreendia o

> O que mais tocou Ayako foi a história de uma senhora ali presente: após a detonação da bomba, sua filha ficou presa sob os escombros. Enquanto pedia ajuda, o fogo se espalhou pelo local. A filha dessa senhora, sem esperanças de sobreviver, pediu-lhe que fugisse com seu marido e seu filho.

dela. Cada vez mais nos afeiçoávamos um ao outro, então tomei coragem e decidi pedi-la em casamento. Era da vontade dela se casar comigo, mas sua família não aprovou no início. Sua madrasta logo se opôs ao nosso matrimônio: "Ayako, com tantos pretendentes em melhor situação, para que você quer se casar com um relojoeiro?".

Ayako, aborrecida com a recusa de sua família, protestou silenciosamente deixando de comer. Ela sempre fora uma filha obediente e respeitava as decisões da família, entretanto, quando o amor acontece, não há nada que possa impedi-lo.

Diante da determinação de Ayako, sua madrasta e seu pai decidiram reconsiderar. O pai dela foi até a casa dos meus pais, na vila de Sagotani, para saber a meu respeito. Eu não sabia qual teste seria mais difícil: a investigação da Polícia Militar sobre minha família ou a dos Orishige para avaliar o pretendente da filha. Fiquei ansioso, mas sabia que tinha bons antecedentes e não teria problemas quanto a isso. Enfim recebemos autorização para seguir com nosso casamento. A cerimônia aconteceu no dia 15 de setembro de 1946, pouco mais de um ano após termos quase morrido. Esse também foi um dia do qual me lembro até hoje. No entanto, ao contrário do dia da bomba atômica, foi um dia de muita alegria. Para quem tinha uma expectativa de vida de apenas dois anos, sobreviver e encontrar o amor era uma verdadeira dádiva.

> Eu não sabia qual teste seria mais difícil: a investigação da Polícia Militar sobre minha família ou a dos Orishige para avaliar o pretendente da filha.

Hiroshima e todo o Japão passavam por dificuldades, mas Ayako e eu éramos muito felizes em nossa vida de recém-casados. Ela se mudou para a casa onde eu vivia e tinha minha relojoaria. Infelizmente, após nosso casamento, meu irmão Akira sofreu um grave acidente de carro, o que resultou em uma séria fratura no crânio. Apesar de ter sobrevivido, ele nunca se recuperou completamente e sua vida foi abreviada. Meu irmãozinho Akira não nos deixou como *kamikaze*, mas, ainda assim, partiu muito jovem.

Logo depois, fomos agraciados com filhos, o que nos proporcionou muita alegria. Nossa primeira filha, Yasuko, nasceu em 7 de julho de 1947, e Tetsuji, em 18 de fevereiro de 1949. Pouco antes do nascimento de Tetsuji, mudamo-nos para uma nova casa no bairro de Kanon-machi. Nesse novo endereço, passamos a vender óculos e máquinas de costura, além dos relógios.

Foi um alívio e uma grande felicidade ter dois filhos perfeitamente saudáveis, pois havia uma tensão constante quanto à saúde das crianças. A vida pareceu sorrir para nós, e pudemos esquecer um pouco a tragédia que vivenciamos. Nada traz tanta alegria a uma família como o nascimento de duas belas crianças.

Além do crescimento saudável de nossos filhos, fomos agraciados com o crescimento dos negócios também. A Relojoaria Morita estava prosperando. Tudo parecia estar no caminho certo para a nossa felicidade. A situação de Hiroshima, entretanto, continuava muito ruim. Muitos sobreviventes não tinham dinheiro e, com a falta de segurança, começou uma onda de furtos na região. Diversas vezes, ladrões entraram não só na nossa casa como também na relojoaria e furtaram relógios que os clientes haviam deixado para conserto.

Certa vez, invadiram nossa casa e roubaram um quimono de Ayako. Mais tarde, ao ver seu quimono em uma das barracas perto da estação ferroviária, Ayako o exigiu de volta: "Não, esse quimono é meu! E, se não me devolver, vou chamar a polícia!". Essa era a triste situação de uma população que perdeu tudo e foi abandonada pelo seu governo à própria sorte.

- O RETORNO PARA CASA -

Os sobreviventes da bomba atômica seguiam sem receber nenhum auxílio por parte do governo. Quando da rendição do Japão, houve um acordo com os Estados Unidos. Assim, nem o país nem os sobreviventes teriam direito de reclamar aos Estados Unidos sobre danos da bomba. Toda responsabilidade seria do governo japonês e ele deveria responder por tudo. Também foi decretado o "Press Code", para que não fosse divulgado para a imprensa o que havia acontecido e como estava a situação em Hiroshima. Os norte-americanos não queriam que o mundo soubesse o que sua bomba havia provocado em nossas vidas. A maior parte do mundo, portanto, não tinha pleno conhecimento do pior ataque já realizado contra a humanidade. Além disso, nem os Estados Unidos nem o Japão sabiam das consequências da bomba atômica, na cidade e na saúde dos sobreviventes. Foi em 1947 que os Estados Unidos estabeleceram a Atomic Bomb Casualty Commission (ABCC), que tinha como objetivo pesquisar os efeitos da radiação nos sobreviventes de Hiroshima e Nagasaki. Todos os experimentos eram sigilosos.

Em Hiroshima, o centro de pesquisa foi instalado no topo do monte Hijiyama. Os sobreviventes eram frequentemente convocados a se apresentar para serem avaliados. Quando chegávamos lá, tínhamos de tirar toda a roupa e realizar diversos exames. Nunca soubemos dos resultados nem recebemos algum tipo de tratamento.

Com o tempo, essa situação começou a ficar muito incômoda para nós, sobreviventes, e começamos a perceber que éramos apenas cobaias. Diante da falta de consideração com que nos tratavam e da falta de suporte, decidimos não seguir mais com os exames. Afinal, não estavam fazendo nada para nosso benefício. Será que havia pessoas que se vangloriavam pela destruição que causaram? Não é uma hipótese difícil de se acreditar.

Após um tempo tranquilo e de muita alegria, nossa família voltou a passar por momentos difíceis. Em 1951, Ayako teve uma gravidez fora do útero, e foi necessário passar por uma cirurgia delicada. Meu coração ficou muito apreensivo, pois ela poderia morrer. Temi ver meus filhos órfãos de mãe, ainda tão pequenos. Na época, um deles tinha 4 e o outro tinha apenas 2 anos. Não foi possível salvar a criança, mas Ayako sobreviveu à cirurgia. Felizmente ela pôde se recuperar.

Em junho de 1953, uma nova tristeza se abateu sobre nós. O pai de Ayako faleceu. Também um sobrevivente da bomba atômica, fora vítima de complicações causadas pela exposição à radiação. Esse foi um duro golpe para toda a família, pois eu tinha muito respeito e admiração pelo meu sogro, e ele era um grande apoio para nós.

Também, por dois anos consecutivos durante o verão, eu tive problemas de saúde, que deixaram minha família muito preocupada. O verão era muito intenso em Hiroshima, o mesmo que nos assolou na época da bomba. Apesar do calor, eu sentia muito frio mesmo enrolado em cobertores. Recordo-me que minha esposa ficava cuidando de mim, sem saber o que eu tinha, e as crianças me observavam com seus olhinhos assustados. Ficavam apreensivos com a possibilidade de eu não resistir e também ter a "doença da bomba atômica". Após a realização de alguns exames, fui diagnosticado com leucemia, em decorrência da alteração dos glóbulos brancos, o que me deixou muito preocupado. Anos depois, tive conhecimento de que os sobreviventes da bomba passaram por ciclos de doenças causadas pela radiação. Eu estava em um desses ciclos. Muitos não resistiram a esses períodos de crise na saúde e morreram.

> Anos depois, tive conhecimento de que os sobreviventes da bomba passaram por ciclos de doenças causadas pela radiação. Eu estava em um desses ciclos. Muitos não resistiram a esses períodos de crise na saúde e morreram.

Além da minha saúde, que não estava sendo favorecida pelo clima, Hiroshima e Nagasaki ainda enfrentavam graves problemas de segurança, que me causaram grandes transtornos: a relojoaria foi roubada novamente e trinta relógios de clientes foram levados. Esses relógios haviam sido deixados para conserto, então tivemos de ressarcir os proprietários. Além disso, nossa loja acabou sendo incluída na área de desapropriação para um novo planejamento urbano e fomos obrigados a nos mudar.

Comecei a ficar desanimado com a situação e com o desamparo em que nos encontrávamos. Haviam-se passado anos desde aquele fatídico 6 de agosto e ainda não ocorria nenhuma iniciativa por parte do governo japonês para auxiliar os sobreviventes. Sentia-me abandonado, como se tivéssemos cometido um crime e pagássemos por ele. Durante a guerra fomos leais ao império, trabalhamos pelos objetivos do país e, no entanto, quando mais precisávamos, haviam nos virado as costas. Pensei se não era o momento de recomeçar em outro lugar, bem longe de qualquer lembrança relacionada à bomba atômica.

Quando eu pensava na possibilidade da imigração, recebi na relojoaria a visita de um simpático casal, o senhor e a senhora Settai. Era um casal de idosos que há algum tempo imigrara para o Brasil. Quando receberam a notícia de que o Japão havia perdido a guerra, não puderam acreditar, venderam tudo e voltaram ao país. Eles eram do grupo dos *kachigumi*, aqueles que acreditavam que a derrota na guerra era uma farsa inventada pelos norte-americanos. No território japonês, entretanto, a derrota era muito evidente. Vendo o caos que assolava o país, o casal Settai não pôde continuar negando a realidade.

> Durante a guerra fomos leais ao império, trabalhamos pelos objetivos do país e, no entanto, quando mais precisávamos, haviam nos virado as costas. Pensei se não era o momento de recomeçar em outro lugar, bem longe de qualquer lembrança relacionada à bomba atômica.

Decidiram retornar ao Brasil, que, na mente deles, era o paraíso que tinham deixado para trás.

Quando entraram na relojoaria, o senhor e a senhora Settai estavam à procura de uma máquina de costura. Vieram a Hiroshima porque o genro era natural da província. Nessa visita, me falaram muito bem do Brasil, especialmente sobre o clima, que me faria muito bem. "Você, senhor Morita, é quem o Brasil está esperando! Assim que voltarmos, enviaremos uma carta-convite de imigração." Não levei muito a sério a proposta deles, mas um ano depois recebi a carta que haviam prometido, convidando-me a imigrar para o Brasil.

Quando comecei de fato a considerar a viagem para o Brasil, Ayako se mostrou muito receosa. Ela me perguntava por que não tentávamos ir para os Estados Unidos, pois meus irmãos permaneceram lá após o término da guerra. Mas naquele momento isso não era possível, por causa da minha condição de ex-policial militar, que não me permitia pisar em solo norte-americano. Havia também o fato de que meu pai não desejava que fôssemos embora e, por isso, não nos revelava o endereço de nossos parentes nos Estados Unidos.

Vendo que eu estava irredutível, Ayako pediu-me que conversasse com meu pai para saber se ele autorizava nossa viagem. Segui seu conselho e fui me encontrar com meu pai.

No fundo, acho que gostaria que ele tivesse pedido que ficássemos, para que eu tivesse mais um motivo para continuar em Hiroshima. Mas, debochado como era, e até orgulhoso, não foi essa a sua resposta. Meu pai me incentivou a ir embora do país, dizendo que eu poderia ir para qualquer lugar, pois tinha certeza de que eu sobreviveria. Tendo a sorte que tive diante da morte diversas vezes, meu pai me considerava quase invencível nesta vida.

Essa, entretanto, não era sua verdadeira vontade. Logo depois de minha visita, ele ligou para a Farmácia Orishige para falar com a madrasta de Ayako. Sua intenção era a de que a família de minha esposa conseguisse nos convencer a ficar. Ele disse à madrasta: "Veja bem, o Takashi está falando que quer ir para o Brasil, mas faça tudo para impedir". No entanto, ele não teve sucesso.

Logo, a senhora Orishige e a irmã de minha esposa vieram à nossa casa para tentar nos dissuadir. Elas disseram: "Seu pai nos informou sobre a partida e disse também que não quer que vocês vão. Por favor, desistam! Restaram apenas mulheres na família, Takashi; você é o único homem adulto, nossos filhos ainda são pequenos". Mas eu também estava mordido pelo orgulho, então recusei seus apelos. Disse que iríamos embora sim, uma vez que meu pai havia consentido na minha presença. E que voltaríamos em dez anos. Elas foram embora de casa aos prantos.

Não era apenas por teimosia que estava decidido a embarcar com minha família em direção a uma terra desconhecida. Pensava que o destino estava me dando um sinal também, pois recebi a carta-convite do senhor Settai no mesmo dia em que aconteceu a missa de um ano do falecimento do meu sogro. Isso me mostrava como a vida era fugaz e que a qualquer momento eu poderia não estar mais neste mundo. Como sobrevivente de uma arma tão poderosa, cujos efeitos não eram totalmente conhecidos, sabia muito bem da minha condição.

Outro fato, a Guerra da Coreia estava em curso. O Japão parecia estar se envolvendo no combate, agora ao lado dos norte-americanos. Realmente não queria mais saber de guerra.

Enfim, decidi que partiríamos para o Brasil. Estava entusiasmado com essa nova perspectiva que havia abraçado, apesar de saber que minha família não partilhava dela. Fui inflexível ao tomar a decisão; não considerei a opinião dos outros membros da família.

> Quanto mais pensava, mais tinha certeza: tanto na sede da província quanto na prefeitura de Hiroshima havia diversos cartazes incentivando a imigração para o Brasil.

Apesar disso, estava convicto de que era a escolha certa. Quanto mais pensava, mais tinha certeza: tanto na sede da província quanto na prefeitura de Hiroshima havia diversos cartazes incentivando a imigração para o Brasil, em virtude de um acordo entre os governos dos dois países. As imagens dos pôsteres mostravam um bonito país a ser descoberto.

Nessa época, o governo financiava a imigração daqueles que desejavam trabalhar nas lavouras do Brasil. Como havia adquirido passagens para a família inteira, uma vez que vendi a loja e os imóveis, pude escolher para onde iria e, por indicação do senhor Settai e mediante as promessas de uma grande metrópole em formação, seguimos para São Paulo.

Quando partimos, no início de 1956, o objetivo era retornar em dez anos para o Japão, assim como meus pais fizeram após viver nos Estados Unidos. O destino, porém, reservava outros planos para mim, e eu só voltaria a Hiroshima em 1984, em uma missão especial.

Ansioso pelo que me aguardava na nova pátria, também queria deixar para trás todo o sofrimento que vivenciei em minha cidade. Apesar do meu empenho para permanecer em Hiroshima, não havia conseguido reconstruir minha vida lá. Era preciso tentar algo novo.

- nove -

O RECOMEÇO NO BRASIL

Deixar Hiroshima, bem como meus pais e os parentes de minha esposa, não foi uma decisão fácil. Mas eu precisava de uma nova perspectiva. A viagem para o Brasil e o sonho de um futuro próspero se tornaram um objetivo ao qual dedicaria todas as minhas forças.

No dia 25 de janeiro de 1956, eu carregava em mim um receio diante do desconhecido, mas também a confiança na promessa de uma vida nova. Ayako, Yasuko, Tetsuji e eu seguimos para a estação ferroviária de Hiroshima, onde pegaríamos o trem com destino a Kobe. Lá, embarcaríamos no navio que nos levaria para o Brasil. Na estação ferroviária, muitos de nossos parentes foram se despedir, mas estavam preocupados por não saber o que nos esperava no Brasil, um país distante e desconhecido. A despedida foi muito triste, lembro que Ayako e as crianças choraram por horas depois que deixamos a cidade.

Imigrar para o Brasil era comum na época. A história da imigração japonesa no Brasil começou em 1908, com a chegada do navio Kasato-Maru a Santos, trazendo centenas de japoneses que ansiavam por uma vida diferente daquela que tinham no Japão. Inclusive alguns intelectuais que não se encaixavam no sistema japonês vieram para o Brasil em busca de uma nova forma de viver e de ver o mundo. Esse processo era incentivado e, na maioria das vezes, subsidiado pelo governo. No começo do século XX, foi firmado um acordo entre os governos brasileiro e japonês para financiar o transporte de imigrantes japoneses, pois o Brasil precisava de mão de obra para trabalhar nos cafezais, enquanto faltavam empregos no Japão.

Até 1940, o Brasil recebeu mais de 160 mil japoneses, que, no início, encontraram muitas dificuldades de adaptação em razão das diferenças culturais. A maioria seguiu para o Estado de São Paulo, especialmente para o interior, onde era produzida a maior parte do café brasileiro. As barreiras culturais aos poucos foram superadas, e atualmente o Brasil possui a maior colônia japonesa fora do Japão.

Assim como a maioria daqueles que seguiam viagem, eu e minha família não sabíamos nada sobre a cultura do país em que iríamos morar. Após uma semana de preparação em Kobe, embarcamos a 2 de fevereiro no navio Burajiru-Maru, sem saber uma palavra em português. Nessa nova aventura, certamente teríamos muitos desafios a superar, mas, depois de sobreviver à bomba atômica, sentia-me forte o suficiente para enfrentar o que quer que fosse.

Por ter adquirido as passagens com meus próprios recursos, minha família e eu ficamos em um lugar melhor que o dos imigrantes subsidiados pelo governo. A maioria das acomodações ficava no porão do navio, que era dividido em três compartimentos. Cada compartimento tinha fileiras de beliches nas laterais, separadas por cortinas, e no meio havia mesas e cadeiras nas quais fazíamos as refeições. Nossas acomodações estavam situadas na parte central; a maioria dos passageiros que vinha com o apoio do governo ficava na proa e na popa do navio, locais que balançavam mais. Na parte superior do convés havia apenas alguns quartos para os passageiros de primeira classe. Inclusive, em um desses quartos um bebê morreu, pois a mãe passou mal e não houve ninguém para olhar a criança, que foi atirada ao mar.

Viajar de navio foi uma experiência nova para toda a família. Ele balançava muito durante o trajeto e me recordo que, durante as refeições, a comida deslizava pela mesa. Ayako passou muito mal nos primeiros dias e acabou ficando de cama no trecho até Los Angeles (EUA). O percurso demoraria 41 dias para ser completado e, ao longo dele, faríamos diversas paradas, as quais aguardávamos com ansiedade, pois eram oportunidades de conhecer outras cidades. Como a distância entre os dois países era muito grande, a viagem era, para os passageiros, como uma volta ao mundo.

A primeira parada ocorreu duas semanas depois de termos embarcado, e a cidade era Los Angeles. A aproximação ao porto de Los Angeles fez com que eu experimentasse uma mistura de sentimentos, pois parte de mim estava muito curiosa para saber mais sobre o inimigo que havíamos enfrentado. A verdade é que o pouco que sabia sobre os norte-americanos vinha do meu pai e das minhas observações dos aviões que diversas vezes voaram sobre minha cabeça.

Minha curiosidade era partilhada pelos outros passageiros: ao avistar Los Angeles, todos se espremeram no convés para observar melhor o antigo inimigo. Próximo à costa da cidade, podíamos ver enormes bombas de petróleo a todo o vapor. Diante dessa demonstração de tecnologia e de poder econômico, muitos ficaram impressionados e se perguntaram como o Japão poderia ter ousado enfrentar os Estados Unidos. Será que havíamos perdido o juízo para nos considerarmos invencíveis? Estando no país inimigo, era possível ver que não havia chance de vitória.

Chegamos a Los Angeles sem saber se meus irmãos haviam recebido a carta em que informávamos sobre a viagem. Meu pai, que não queria que partíssemos, só nos deu o endereço uma semana antes do embarque. Por causa da estimativa curta de tempo, não esperávamos encontrar minha família.

Enquanto o navio se aproximava do cais, avistamos um homem com uma menina. Ayako pensou ser meu irmão. Como não via nenhum dos meus irmãos que moravam nos Estados Unidos havia muito tempo, pensei que Ayako estivesse enganada. Quando o navio atracou, o número de pessoas aguardando nossa chegada tinha aumentado. Havia tantos rostos que eu não conseguia reconhecer ninguém. Fiquei triste e decepcionado, pois imaginei que ninguém da minha família tivesse vindo nos encontrar.

No entanto, logo após nossa chegada tivemos uma surpresa muito boa. No meio daquela multidão, uma senhora gritou: "Há algum Takashi Morita aqui?". O homem e a menina que vimos anteriormente estavam junto dela. Minha família estava ali! Logo gritei que era eu e fiquei feliz por rever todos. Como não poderia entrar nos Estados Unidos, pois não tínhamos visto americano, pedimos autorização para que meus parentes subissem no navio. Eram minha irmã, Toshiko, e meus irmãos, Masanori e Hiroshi, todos acompanhados de suas famílias, compondo um total de 27 pessoas.

A pergunta que minha família norte-americana me fez foi a mesma que Ayako havia me feito antes de decidir ir para o Brasil: "Por que não os Estados Unidos?". Expliquei a eles que havia me tornado policial militar e, por isso, não poderia viver ali. Também falei sobre como foi difícil conseguir o endereço deles

- O RECOMEÇO NO BRASIL -

com meu pai e, por isso, não pude dar entrada na obtenção do visto. Eles ficaram tristes por não podermos ficar juntos novamente, mas nos desejaram boa sorte e afirmaram que sempre nos apoiariam.

Minha filha mais velha, Yasuko, ficou especialmente chateada e chorou muito durante a viagem por deixar nosso país natal para trás. Para abrandar um pouco sua tristeza, prometi-lhe que compraria o piano que ela tanto desejava ter em casa. Anos mais tarde, já com a vida financeira mais estável, enfim consegui cumprir minha promessa com Yasuko. Minha filha tem esse piano até hoje.

Deixamos Los Angeles e o navio seguiu seu itinerário. Pudemos ver o canal do Panamá, paramos em Caracas, na Venezuela, e finalmente chegamos ao Brasil, no Estado do Pará. Alguns passageiros desceram em Belém para seguir rumo à cidade de Manaus, no Amazonas. Ainda lembro do grupo que desceu do navio e foi enfrentar o desafio da Floresta Amazônica. Cogito muitas vezes qual foi o destino deles. Em Salvador, ficamos muito curiosos para conhecer a cidade e descemos do navio para ver alguns de seus pontos turísticos, como o Elevador Lacerda.

> Formamos um grupo de doze passageiros e descemos do navio. Imaginem a confusão: doze japoneses passeando pelo Rio de Janeiro sem saber uma palavra da língua local!

Outro lugar que também estávamos ansiosos por conhecer era a cidade do Rio de Janeiro, famosa por sua beleza. Formamos um grupo de doze passageiros e descemos do navio. Imaginem a confusão: doze japoneses passeando pelo Rio de Janeiro sem saber uma palavra da língua local!

As dificuldades já começaram no primeiro lugar que decidimos visitar: o Cristo Redentor. No grupo, havia um senhor que já estivera no Brasil, então confiamos em seus conhecimentos de português. Acontece que esse senhor só sabia contar até dez em português, e nós precisávamos de doze ingressos. Para resolver o impasse, após inúmeras tentativas de se comunicar conosco, o funcionário que vendia as entradas teve de sair do seu posto e contar quantas pessoas havia no grupo para determinar a quantidade certa de ingressos.

Outra dificuldade se deu na hora de fazer os pedidos nos restaurantes: não entendíamos nada do que estava escrito no cardápio, nem os garçons entendiam o que desejávamos. O senhor que supostamente sabia português só conseguia pedir guaraná e mortadela. Quem quisesse comer algo diferente olhava a comida das pessoas que estavam ao redor e pediam, apontando para o prato. No fim, todos comemos e ficamos satisfeitos, apesar de estranharmos um pouco a comida.

> Não entendíamos nada do que estava escrito no cardápio, nem os garçons entendiam o que desejávamos. O senhor que supostamente sabia português só conseguia pedir guaraná e mortadela.

Depois de havermos passeado e nos alimentado, precisávamos retornar ao navio para seguir viagem. Surgiu então um pequeno empecilho: não sabíamos o caminho nem nos lembrávamos da direção do porto. Foi um desespero total, todos ficaram com medo de perder o navio e ficar no Rio de Janeiro por engano!

Encontramos pessoas dispostas a nos ajudar, mas não conseguíamos entender uns aos outros. Tentamos nos comunicar por meio de mímicas, sem sucesso. Foi então que alguém teve a ideia de mostrar uma caixa de fósforos que continha uma foto com a imagem do navio, o que indicaria que precisávamos ir até o porto. Enfim nos entenderam e conseguimos encontrar o caminho a tempo de embarcar. Essa experiência no Rio de Janeiro já dava indícios do que iríamos enfrentar nesse novo país.

Finalmente, o navio chegou ao seu destino final: o Porto de Santos. Mas, como seguiríamos para São Paulo, a viagem ainda não havia ter-

- O RECOMEÇO NO BRASIL -

minado para nós. Nesse momento, cada passageiro deveria seguir seu próprio caminho. Após tanto tempo de viagem, já estávamos familiarizados uns com os outros, então foram muitos os votos de boa sorte que trocamos. Abandonar a segurança e o conforto do lar e ir para um país onde não se conhece nada nem ninguém não é uma experiência fácil.

Pegamos a nossa bagagem e seguimos em um caminhão com o casal Settai, que viera nos recepcionar. Estar em São Paulo representava o início de uma nova vida, de novas oportunidades. Uma chance de deixar para trás toda a tristeza e o sofrimento por que havíamos passado em Hiroshima.

Logo que chegamos, nos instalamos em um bairro simples, chamado Ponte Pequena, onde ficava o cortiço em que a família Settai morava. Havia muito pouco espaço para duas famílias, dado que era apenas um quarto. Para delimitar o espaço no cômodo, o senhor Settai dividiu o ambiente com um guarda-roupa. Como não havia camas suficientes para todos, Yasuko e Tetsuji tinham de dormir em cima de nossas malas e dividir o cobertor. Era uma situação muito desconfortável e não seria possível permanecer assim por muito tempo. Ayako ficou incomodada por viver dessa forma, ainda mais porque no Japão tínhamos a nossa própria casa. Mal iniciamos nossa vida no Brasil e já precisávamos nos mudar.

Comecei imediatamente a buscar uma solução para a situação em que nos encontrávamos. Em poucos dias, fiz amizade com uma família de japoneses que morava perto do cortiço, e eles nos indicaram o bairro da Água Fria, no qual poderíamos encontrar um lugar melhor para morar. Esperava que fosse uma boa indicação, pois não havia muito tempo para procurar. Nesse bairro, conhecemos uma família que tinha uma tinturaria chamada Narimatsu. Eles tinham filhos com a mesma idade dos meus e nos ajudaram no período mais difícil da nossa adaptação. Depois de ficar muito tempo sem nos ver, há alguns anos retomamos o contato e pudemos demonstrar nossa gratidão pelas gentilezas. Encontramos nesse bairro uma casa para alugar, que ficava nos fundos da casa da família Santos. Era uma casa pequena, mas melhor que o quarto que estávamos dividindo, composta de um dormitório, sala, cozinha e banheiro. Agora, vivendo realmente entre brasileiros, as diferenças entre as duas culturas começariam a aparecer.

Uma vez, à noite, ouvimos uma gritaria enorme vinda do vizinho. Acordamos assustados e fomos ver o que estava acontecendo, se alguém estava precisando de ajuda. Quando nos aproximamos, vimos o que estava acontecendo: havia uma fogueira no centro do terreno e alguns homens estavam matando um porco. Nós quatro, ou seja, eu, Ayako e nossos filhos, ficamos parados observando aquela cena tão diferente e estranha para nós. Estávamos em silêncio, mas nossos pensamentos eram os mesmos: "Será que daria certo viver nessa nova terra? Será que fizemos a escolha certa ao deixar nosso país e partir rumo ao desconhecido?". Agora já não havia como voltar atrás.

Não podia perder tempo me questionando, era preciso começar a ganhar a vida. Lembrei-me então do meu pai e de sua insistência para que eu aprendesse um ofício. Foi por causa de minhas habilidades como relojoeiro que consegui meu primeiro emprego no Brasil, em uma fábrica de relógios cucos, chamada Inrebra. Ela ficava na Mooca e o proprietário também era japonês. Logo, pude começar a trabalhar.

Apesar de ter arrumado um emprego rapidamente, não seria tão cedo que a vida se tornaria mais tranquila. Nossa casa era muito longe da fábrica, então eu tinha de sair todos os dias às quatro da manhã e só voltava após as oito da noite. O expediente começava às sete da manhã e ia até as cinco da tarde. Nessa época, não fazia nada além de trabalhar para sustentar a casa.

Tentei aguentar essa rotina, mas, após dois meses, tive de procurar uma alternativa. Consegui uma casa mais próximo do trabalho e pensei que ficaríamos nela por um bom tempo, porém não foi o que aconteceu. Mudamos de casa diversas vezes e chegamos a passar por mais de sete endereços em apenas dois anos. Adaptar-se a um lugar novo é ainda mais difícil quando não se consegue encontrar um bom lugar para morar.

Além da questão da moradia, havia a necessidade de encontrar uma boa escola para nossos filhos. Essa foi uma grande dificuldade, pois as crianças, assim como nós, não sabiam falar português. Nossa família teve de se virar como pôde para se estabelecer no Brasil, mas, ainda assim, todos se empenharam muito para que as coisas dessem certo, e as crianças seguiram com seus estudos na nova escola.

Apesar de ter um emprego e um bom salário, tive que deixar o trabalho na fábrica de relógios. A pedido de meus irmãos que viviam nos Estados Unidos, hospedei em minha casa um casal de irmãos japoneses que precisava resolver algumas questões para que pudesse embarcar para os EUA. Tentei arrumar um emprego para o rapaz, porém não obtive sucesso. Resolvi, então, pegar as últimas economias de Ayako, o dinheiro que ainda restava da venda dos nossos bens em Hiroshima, e abrir duas pequenas lojas de conserto de relógios. Esses pontos ficavam na entrada de barbearias e era comum, na época, haver essa relação de proximidade. Uma das lojas ficava na rua Galvão Bueno, no bairro da Liberdade; a outra, na rua Barão de Duprat, no centro da cidade. Eu cuidaria de uma, enquanto o rapaz seria responsável pela outra. Mas os negócios não deram muito certo. A loja do centro até que ia bem, mas uma reforma na pavimentação das ruas próximo à 25 de março prejudicou todo o comércio local. E a loja da Liberdade estava um pouco abandonada, pois o rapaz não tinha muita habilidade para cuidar do negócio. Ainda assim, resolvi investir meus esforços nela. Estava certo de que conseguiria ir bem nos negócios em um bairro japonês. Esperava receber muitos clientes da minha terra, mas, na realidade, a maioria deles era brasileira. Isso acabou dificultando o comércio, pois nem sempre podia encontrar um intérprete para me ajudar a atender os clientes. Após apenas oito meses, tive de fechar a relojoaria e procurar um novo emprego. As dificuldades da vida no Brasil pareciam não ter fim.

Tive que me esforçar para manter a casa. São esses os momentos em que percebemos quão importante é termos pessoas que nos ajudem e também auxiliar os outros quando eles precisam. Mesmo com as diferenças culturais com que nos deparamos no Brasil, recebemos apoio de diversas formas, que veio nas horas de maior necessidade.

Nunca me esqueci de uma vez em que Ayako estava sozinha com as crianças em casa e estávamos passando por um momento difícil. Ao perceber a situação da minha família, um senhor que sempre nos vendia batata-doce decidiu lhe dar um pouco do produto sem cobrar nada. Quando cheguei em casa do trabalho e soube da história, fiquei muito grato. As situações difíceis também podem nos mostrar que, apesar de todas as maldades do mundo, ainda é possível acreditar na bondade e na solidariedade.

No entanto, nossa sorte começou a mudar. Um dia, lendo o jornal, Ayako encontrou o anúncio de um casal de japoneses que havia imigrado em 1918, em uma das primeiras levas de japoneses que chegaram ao Brasil no navio Kasato-Maru. Antes de se mudar para São Paulo, o senhor Rokuro Koyama havia morado em Bauru, onde fundou o primeiro jornal em Língua Japonesa no Brasil, o *Seishu Shinpo*. Fomos visitá-los em sua residência, no bairro da Saúde, e explicamos nossa situação. Ele era um estudioso e intelectual e, agora que estava perdendo a visão, precisava de um assistente que o ajudasse com seus estudos. Em troca, ele ofereceria moradia para toda a família. As habilidades de Ayako fizeram a diferença. Além de ser assistente do senhor Koyama, também ajudava a esposa dele nos afazeres domésticos.

O senhor Rokuro Koyama era uma figura ilustre da colônia japonesa e, em sua casa, fui apresentado a várias outras personalidades da época. Por intermédio do senhor Koyama, conhecemos a família Yamaguchi. O senhor Yamaguchi fabricava e vendia caixas para joias. Por meio dele, consegui um emprego na relojoaria do senhor Hélio Waismann, um judeu que possuía uma relojoaria no bairro da Liberdade. Com minha presença e dedicação, a loja aumentou sua clientela japonesa e os negócios prosperaram, para satisfação do meu patrão. Após apenas seis meses de trabalho, fui promovido a gerente.

Depois de morar dois anos com a família Koyama, consegui uma casinha na rua São Joaquim, no bairro da Liberdade, para morar com minha família. A casa ficava em uma pequena vila, mas pela primeira vez tínhamos uma casa só para nós. Enquanto eu trabalhava duro e minha esposa cuidava da educação dos nossos filhos, Yasuko e Tetsuji cresciam e se adaptavam cada vez mais à cultura brasileira.

A situação parecia estar melhorando, mas, após oito anos de trabalho na relojoaria, os negócios já não iam tão bem. Por causa da crise no país, o senhor Waismann mudou de ramo. Apesar de continuar como gerente, meus rendimentos diminuíram e tive de deixar o emprego. Nesse período, Ayako, uma mulher muito forte e sempre empenhada em ajudar, começou a fazer doces e salgadinhos japoneses, e eu os entregava em mercearias e escolas. O talento culinário e a perseverança de minha esposa ajudaram a manter as finanças da família nessa época. No entanto, Ayako ficou doente e teve que deixar de cozinhar. Eu precisava encontrar um novo emprego.

Após algum tempo, consegui uma vaga de relojoeiro na loja do senhor Nelson, irmão do meu antigo patrão, Hélio, na rua Augusta. As coisas voltaram a prosperar. Nessa época, meus filhos estavam crescidos e agora ingressavam na faculdade: Yasuko estudou História e Tetsuji entrou na Faculdade de Arquitetura e Urbanismo, ambos na Universidade de São Paulo. Depois de tudo pelo que passamos e das dificuldades que enfrentamos como imigrantes, foi um alívio ver meus filhos sadios e encaminhados.

Minha saúde também havia melhorado no Brasil. Após o diagnóstico de leucemia em Hiroshima, nunca mais tive problemas desse gênero. Apesar disso, sempre tive de lidar com a preocupação de que a "doença da bomba" nos atingisse. Essa é uma insegurança que todo sobrevivente carrega consigo.

Quando meus filhos estavam na faculdade, tinham muitos amigos da colônia japonesa que costumavam frequentar nossa casa. Nessas reuniões, eu costumava contar aos jovens sobre a experiência da bomba atômica, pois todos tinham curiosidade. Todos sabiam que eu e minha esposa éramos sobreviventes de Hiroshima e tinham interesse em conhecer nossa história.

Nunca me preocupei em esconder nosso passado, sempre compartilhei minhas experiências com quem quisesse ouvir. No entanto, quando meus filhos estavam em idade de se casar, fiquei com receio de que sofressem preconceito e fossem rejeitados por seu histórico. Acima de tudo, tinha muito medo de que meus netos tivessem problemas de saúde.

Quando minha filha Yasuko começou a namorar seu futuro esposo, Michio, ela também

Na Segunda Guerra Mundial, toda a população japonesa esteve envolvida nos esforços de guerra. À direita, Takashi Morita fardado como membro do Posto de Vigilância Aérea de Hiroshima, em 1940. Em fevereiro de 1945, após um rigoroso exame, tornou-se membro da Polícia Militar Imperial, polícia de elite do Império Japonês (à esquerda).

ARQUIVO PESSOAL

À direita, Takashi Morita vestido como policial militar. Em momento de descontração, posa para uma foto com seus colegas de corporação. Na imagem, é possível ver a famosa braçadeira, que identificava os policiais. Foi exercendo esse ofício que viveu o pior dia de sua vida: o dia em que a bomba atômica foi detonada em Hiroshima.

ARQUIVO PESSOAL

ARQUIVO PESSOAL

À esquerda, a Relojoaria Nagano na época da guerra. Lá, Takashi iniciou os aprendizados como relojoeiro. Após a dissolução da Polícia Militar, em novembro de 1945, ele decidiu retomar o ofício.

Acima, Takashi ao lado da esposa, Ayako, em trajes típicos japoneses. Foto datada do dia do casamento: 15 de setembro de 1946.

Ayako e Takashi segurando Yasuko, a primogênita da família, que nasceu em 1947. Em pé, o irmão de Takashi, Akira, que integrou o grupo suicida *kamikaze*.

Takashi, Ayako e os filhos, Yasuko e Tetsuji, na viagem para o Brasil, em fevereiro de 1956. A família Morita partiu no navio Burajiru-Maru em busca de uma vida melhor no país até então desconhecido. Além de novas perspectivas, o Brasil oferecia um clima favorável para a saúde de Takashi, que estava prejudicada pela radiação da bomba atômica.

Em São Paulo, onde a família se instalou, Takashi exerceu o ofício de relojoeiro a fim de obter o sustento da família.

Takashi fundou, ao lado de sua esposa, Ayako, em 1984, a Associação Hibakusha Brasil pela Paz, para lutar pelo auxílio de saúde para os sobreviventes das bombas atômicas de Hiroshima e Nagasaki residentes no Brasil. Vencidas as batalhas, Takashi passou a contar sua história com o objetivo de conscientização sobre a paz.

Takashi na Índia, em 2008, durante uma viagem da ONG japonesa Peace Boat. O objetivo da ONG é promover a paz e transmitir informações sobre o perigo da radiação ao redor do mundo.

Em junho de 2011, em virtude de seu intenso trabalho pela paz, Takashi Morita passou a dar o nome para uma escola, a ETEC Takashi Morita, honra concedida pelo governo do Estado de São Paulo.

Senhor Kunihiko Bonkohara e senhora Junko Watanabe, também sobreviventes da bomba atômica de Hiroshima. O senhor Bonkohara tinha 5 anos quando da detonação da bomba, e nunca mais teve notícias da mãe nem da irmã. A senhora Junko Watanabe tinha apenas 2 anos e teve complicações de saúde pelo contato com a chuva negra.

O senhor Yoshitaka Sameshima, sobrevivente da bomba atômica de Nagasaki. Temendo o preconceito que os *hibakushas* enfrentavam, só contou para a esposa o que havia vivenciado em 2007.

Acima, no pátio da escola que leva seu nome, o senhor Morita planta mudas de duas árvores tipicamente japonesas: a cerejeira e o kiri japonês. A muda de kiri foi trazida de Hiroshima e descende das árvores que sobreviveram à bomba atômica.

Título honorário de Cidadão Paulistano concedido a Takashi Morita.

Aos 93 anos, Takashi Morita em sua mercearia, em São Paulo, mostrando os horrores causados pela bomba atômica à população e à cidade de Hiroshima.

Ayako e Takashi cercados pela família, durante a comemoração de bodas das ouro do casal, em setembro de 1996.

ARQUIVO PESSOAL

LEANDRO ASAI

Takashi Morita entre seus filhos, Yasuko e Tetsuji, que o auxiliam na gestão da mercearia da família.

Takashi Morita segurando uma fotografia de sua esposa falecida em 2009, Ayako. Ela foi sua amada companheira de vida e de lutas na Associação Hibakusha Brasil pela Paz.

Aqui, o Senhor Morita posa ao lado da foto de Sadako e um de seus últimos *tsurus*, doado pelo irmão à Assembleia Legislativa de SP.

Foto tirada em um momento muito especial: no aniversário de 93 anos do senhor Morita, em março de 2017. Ele foi homenageado pelos jovens alunos da ETEC Takashi Morita e conversou com todos sobre sua experiência em Hiroshima.

LEANDRO ASAI

Mesmo tendo passado pelo ataque mais destrutivo contra a humanidade, Takashi permanece sustentando um terno sorriso, e renovando a crença nos seres humanos e na importância da paz.
Com imensa simpatia, ele saúda todos os dias os clientes de sua mercearia.

ficou com receio de que o fato de ser de Hiroshima causasse algum tipo de problema. Apesar de nunca ter escondido esse fato, antes do casamento ela sentiu a necessidade de conversar e esclarecer tudo com seu noivo. Então contou a ele sobre seus medos e recebeu uma resposta que a encorajou a se casar e lhe deu a certeza de que ele era o homem certo para ela.

Michio, que é médico, ao ouvir as aflições de Yasuko sobre a saúde dos sobreviventes da bomba atômica, disse que, como médico, ele sabia que qualquer casal, tendo ou não alguma doença, tem a possibilidade de ter um filho que não seja saudável. No caso dela, essa possibilidade poderia ser maior. Mas ele disse que assumiria o risco e que estariam juntos. Certamente, esse era o mais bonito "eu te amo" que Michio poderia dizer à minha filha.

Eles se casaram em 1976. No mesmo ano, Tetsuji também se casaria com sua amada noiva, Clara. Apesar de muito feliz pelo casamento de meus filhos, só fiquei aliviado quando vi meus netos nascerem com saúde: Victor, o primeiro, nasceu em 8 de julho de 1977; Sylvia nasceu em 12 de agosto de 1979; e o mais novo, Marcos, em 5 de abril de 1983. Parecia, e eu assim esperava, que o legado da doença da bomba atômica não seria transmitido às próximas gerações de minha família.

Contudo, eu não estava totalmente tranquilo com meu passado e ainda guardava um sentimento de insatisfação pelo fato de nunca termos recebido ajuda do governo japonês. Essa era para mim uma grande injustiça, tendo em vista tudo o que perdemos. Sentia que havíamos sido esquecidos pela nossa pátria.

> Ainda guardava um sentimento de insatisfação pelo fato de nunca termos recebido ajuda do governo japonês. Essa era para mim uma grande injustiça, tendo em vista tudo o que perdemos. Sentia que havíamos sido esquecidos pela nossa pátria.

- A ÚLTIMA MENSAGEM DE HIROSHIMA -

Em 1968, começou no Japão um programa de ajuda aos sobreviventes, mais de vinte anos após os ataques a Hiroshima e Nagasaki. Mas, por termos deixado o país, não tivemos direito de participar. Essa injustiça aumentou meu desapontamento e concluí que era preciso tomar uma atitude. A partir de então iria lutar pelos direitos daqueles que, como eu, foram deixados de lado depois de sobreviver à bomba atômica.

Nessa época, já haviam se passado quase trinta anos desde que pisara pela primeira vez em solo brasileiro, quando tinha 32 anos. Primeiro, minha luta havia sido pela sobrevivência da minha família e pela nossa adaptação em uma terra de costumes tão diferentes. Agora a vida já estava mais tranquila e eu poderia me dedicar a outros objetivos. Com meus filhos casados e meus netos sadios, me senti encorajado a começar uma batalha pessoal e por todos os sobreviventes da bomba atômica. Comecei a procurar sobre a situação dos *hibakushas* no Japão. Havia sobreviventes morando em várias partes do mundo, mas o governo japonês só prestava assistência para os que viviam em solo nipônico. A luta não seria fácil, mas seria muito recompensadora. Acima de tudo, essa seria uma luta pela paz.

- dez -

ASSOCIAÇÃO HIBAKUSHA BRASIL PELA PAZ

EM 1984, EU ESTAVA PRESTES A COMEÇAR UMA BATALHA ÁRDUA: trazer aos *hibakushas* residentes no Brasil os benefícios que o governo japonês prestava aos que residiam em território nipônico. Afinal de contas, todos nós fomos vítimas da mesma tragédia, todos sobrevivemos às bombas atômicas de Hiroshima ou de Nagasaki.

O governo japonês iniciou seu programa de assistência aos sobreviventes das bombas atômicas depois de uma década do término da Segunda Guerra, motivado principalmente pelas reações mundiais aos efeitos das cinzas radioativas das experiências nucleares efetuadas naqueles tempos. Com os protestos frequentes aos estragos que as experiências estavam trazendo à humanidade, entrou em foco aquelas pessoas que sofreram as primeiras consequências das radiações atômicas: os sobreviventes de Hiroshima e de Nagasaki. A verdade ficou evidente. Enquanto as populações das outras regiões que sofreram bombardeios convencionais estavam conseguindo recuperar vidas normais e reconstruir suas cidades devastadas, nas cidades de Hiroshima e de Nagasaki havia uma população doente e marginalizada, em um nível assustador em relação às outras cidades. Passada uma década, a população desses locais sofria de doenças peculiares e em número significativo, sendo alvo de estudos da equipe norte-americana da ABCC. Diante desse quadro, o governo japonês foi forçado a admitir que os *hibakushas* precisavam de auxílio governamental.

Assim, a partir de 1957, teve início o levantamento dos sobreviventes das bombas atômicas. São considerados *hibakushas* aqueles que estavam na cidade de Hiroshima e de Nagasaki nos dias 6 e 9 de agosto de 1945 num determinado perímetro urbano e aqueles que entraram nesses locais no período de duas semanas. Esses últimos por terem sido contaminados por radiações remanescentes, muito nocivas ao corpo humano, perigo este que na época da detonação da bomba era desconhecido.

Com o passar dos anos, a assistência aos *hibakushas* foi aperfeiçoada. Mas, infelizmente, a tal assistência sempre foi limitada aos que residiam em território japonês. O motivo dessa restrição é muito complicado, mas enfim, eu sabia que se não agíssemos por conta própria nunca conseguiríamos esses benefícios. Estávamos envelhecendo, e o temor de uma enfermidade espreitava cada vez mais próximo de todos. Senti que precisava reclamar o nosso direito de ter assistência como *hibakusha* ao governo japonês.

Sabia que não seria fácil enfrentar o governo japonês e todo o preconceito que existia em torno do tema "bomba atômica", e também de ajudar aos que residiam no exterior. Muitos pensavam e diziam abertamente que tínhamos saído do Japão e o abandonado, perdendo assim esse direito. Esse preconceito persistente existia até mesmo entre profissionais da área da saúde. É incompreensível que as pessoas tenham tais opiniões sem saber a situação de cada um que morava no exterior e fechar os olhos para o sofrimento dos outros. Dentre pessoas que residem fora do Japão, existem cidadãos de outros países, assim como brasileiros natos que, por um capricho do destino, estavam nessas cidades nos dias errados e sofreram as consequências. Assim que terminou a guerra, e que foi possível, voltaram às suas pátrias e ficaram fora da assistência que o governo japonês começou a prestar aos sobreviventes. Muitos japoneses que imigraram para outros países após o término da guerra foram encorajados a fazê-lo pelo próprio governo, numa campanha enganadora em favor da busca de um futuro melhor no exterior. Ainda hoje escuto histórias muito tristes dos que foram como imigrantes para a República Dominicana, ou mesmo nas regiões amazônicas, que não tinham nenhuma estrutura para recebê-los.

Afora isso, sentíamos a necessidade de divulgar nossas histórias para que, em um mundo ainda com tantos conflitos, a utilização de armas nucleares seja evitada. Nesse sentido, era preciso lutar não só pelo auxílio aos sobreviventes como também por uma maior divulgação ao público. Com mais acesso à informação, as pessoas teriam consciência do perigo das armas atômicas e do peso que aqueles que passaram por essa experiência têm de carregar.

Essa batalha levaria anos, mas eu não estava disposto a desistir. Começou assim: uma médica brasileira, interessada em estudar as consequências da radiação na saúde dos sobreviventes, foi até Hiroshima para fazer um período de estágio sobre o assunto. Em março de 1983, de volta ao Brasil, ela divulgou, por meio da Associação da Província de Hiroshima (em São Paulo há associações de diversas províncias do

> Muitos japoneses que imigraram para outros países após o término da guerra foram encorajados a fazê-lo pelo próprio governo, numa campanha enganadora em favor da busca de um futuro melhor no exterior.

Japão, fundadas pelos imigrantes) e dos jornais locais publicados em japonês, a notícia de que faria uma consulta gratuita aos sobreviventes da bomba atômica que residissem no país.

Não foram muitos os sobreviventes que atenderam ao chamado, afinal, o medo do preconceito ainda existia. No total, quinze sobreviventes decidiram se consultar com a médica, dentre os quais Ayako e eu. Como meus filhos já estavam casados e meus netos cresciam sadios, decidimos seguir em frente com a luta pela nossa saúde, sem temer o estigma de sermos sobreviventes.

As consultas foram realizadas no Hospital do Câncer, localizado no bairro da Liberdade, e ao longo de dez dias todos os sobreviventes foram examinados. Os resultados, anunciados na presença de todos os quinze *hibakushas*, não foram os que esperávamos. Aparentemente, disse a médica, todos estavam muito bem – algo que sabíamos que não era verdade.

A questão é que é muito difícil avaliar as consequências da exposição à radiação em poucos exames, realizados em um período tão curto. Para a médica, sintomas como cansaço frequente eram sinal de preguiça, o que chegou a ofender muitos dos participantes. Mais uma vez, nossos apelos e receios não foram compreendidos.

Apesar de nossa decepção com os resultados, esse encontro serviu para despertar nesse pequeno grupo de sobreviventes a determinação para lutar por nossa saúde, de procurar os nossos direitos. Afinal, como poderiam chamar de preguiça, ou frescura, o cansaço constante que sentíamos? Ou a debilidade da nossa saúde, sendo que em um dia estávamos bem e, no outro, éramos diagnosticados com câncer? Não era possível que ninguém conseguisse ver o impacto dessa arma terrível em nossas vidas! Caberia a nós fazê-los compreender.

Nessa época, as informações sobre a ajuda aos sobreviventes no Japão começaram a ser mais divulgadas. Os *hibakushas* receberiam um auxílio de cerca de 25 mil ienes mensais,[1] após serem diagnosticados com algum problema na saúde pelos médicos especialistas da província de Hiroshima. Foi confirmado que não seriam pagos auxílios àqueles que mudassem a residência para o exterior.

Ayako e eu decidimos então ir até a Associação da Província de Hiroshima solicitar a relação de associados, para ver se encontrávamos alguns sobreviventes que tinham imigrado para o Brasil após o término da guerra. Perguntamos ao secretário da associação, o senhor Inohara, se nos ajudaria a obter o auxílio para todos os sobreviventes residentes no Brasil, provenientes de Hiroshima, nossa cidade natal. O senhor Inohara, entretanto, disse que não tinha tempo e que não poderia fazer nada.

Apesar de decepcionados, não desistimos. Percebemos que, se quiséssemos ter sucesso, teríamos de cuidar de tudo nós mesmos. Mas, para obter a atenção do governo japonês, era preciso agir de forma organizada, por meio de uma entidade oficial. A questão que aparecia nesse momento era como fazer isso.

Ayako e eu nos recordamos então de Tooru Tamura, que havia sido nosso vizinho nas acomodações do navio, durante a viagem ao Brasil. Natural de Tóquio, Tamura vinha de uma família de políticos. Trabalhou muitos anos em uma entidade ligada ao governo japonês em São Paulo e éramos muito amigos. Como tinha experiência com questões oficiais e associações, nós solicitamos sua ajuda, e fomos muito bem atendidos.

O primeiro passo seria identificar os *hibakushas* residentes no Brasil. Era preciso que eles viessem até nós, mas como fazer isso? A so-

---

1. Em 2017, seria o correspondente a R$ 684. (N. E.)

> O primeiro passo seria identificar os *hibakushas* residentes no Brasil. Era preciso que eles viessem até nós, mas como fazer isso? A solução que encontramos foi publicar anúncios em jornais japoneses.

lução que encontramos foi publicar anúncios em jornais japoneses, e logo a iniciativa começou a surtir efeito, e muitas pessoas vieram nos procurar. Alguns dos que vinham a nós já possuíam a carteira de sobrevivente, emitida pelo governo do Japão, carteiras que começaram a ser emitidas a partir de 1958. Muitos, porém, não as possuíam, como eu e Ayako, pois viemos ao Brasil antes do início desse trabalho do governo japonês. A emissão e a obtenção dessa carteira eram um passo importante na luta pelos nossos direitos.

Após diversas atividades, foi fundada, em 15 de julho de 1984, a Associação dos Sobreviventes da Bomba Atômica no Brasil. No início, havia 27 associados, sendo eu o presidente e Ayako a secretária. Tooru Tamura, que nos ajudou desde o início, assumiu o cargo de conselheiro da associação. Logo o número de membros aumentaria e nossa militância começaria a todo o vapor.

No mesmo ano, também decidi mudar de profissão. Eu havia completado 60 anos e a minha vista já estava cansada para trabalhar o dia todo com relógios de peças tão pequenas. Após tantos anos trabalhando como relojoeiro, resolvi me arriscar novamente e entrar em um novo negócio, dessa vez no comércio. Com o auxílio de Ayako, em dezembro de 1984 abri uma pequena mercearia, localizada na zona sul da cidade de São Paulo. A mercearia logo reuniria muitos clientes e, um tempo depois, nos mudaríamos para um espaço maior na mesma avenida.

Em setembro de 1984, a associação já somava setenta membros, e eu e Ayako partimos para nossa primeira missão em Hiroshima. Essa viagem, que foi inteiramente financiada com recursos próprios e com a ajuda dos filhos, além do objetivo oficial, tinha também um significado afetivo muito forte para nós. Havia 28 anos que tínhamos deixado nossa amada cidade, na época ainda com muitas lembranças da bomba atômica.

No caminho para o Japão, fizemos uma parada em Los Angeles e, dessa vez, foi possível descer do avião e conhecer a cidade. Fomos recebidos por meu irmão Masanori, que não víamos desde a nossa viagem para o Brasil. Foi muito curioso ver como meus irmãos e eu estávamos diferentes. Com exceção de uma cunhada que ainda trabalhava, todos os meus irmãos e seus companheiros estavam aposentados, com uma vida tranquila, desfrutando de suas atividades favoritas. Todos eram mais velhos do que eu e pareciam satisfeitos. A vida já estava completa para eles. Ayako e eu estávamos começando uma nova caminhada, tudo o que vinha pela frente parecia nebuloso. Mas tínhamos de seguir adiante se quiséssemos ter alguma vitória. Apesar de não ser muito mais jovem do que meus irmãos, senti que eu tinha sangue jovem ardendo no meu peito. Logo percebi que Ayako também nutria a mesma sensação. Ambos não pertencíamos, ainda, ao grupo dos aposentados. A emoção e a perspectiva de desafios que viriam pela frente pareciam fazer nascer novas forças dentro de nós dois, era contagiante!

Ainda assim, foi muito bom reencontrar meus irmãos e pudemos passear bastante dessa vez. Visitamos muitos locais turísticos de Los Angeles, fomos à Disneylândia, onde nos sentimos novamente como crianças. Com meus três irmãos e suas famílias, Ayako e eu fomos inclusive a Las Vegas. A cidade toda parecia um parque de diversões, meus parentes norte-americanos pareciam apreciar muito, mas Ayako e eu nos sentíamos um pouco deslocados, pois tudo era muito diferente do que havíamos vivenciado até então. Sentimos como se estivéssemos sonhando, não conseguíamos sentir que era real. Como não poderia deixar de ser para Takashi Morita, a viagem também

> Foi emocionante voltar a Hiroshima e ver o quanto a cidade estava mudada e bonita. Meu coração se encheu de alegria quando vi que Hiroshima havia recuperado toda a vida que a bomba atômica lhe havia tirado.

teve momentos de aventura: no retorno do passeio a Las Vegas, enfrentamos uma nevasca, um acontecimento muito inesperado mesmo para os habitantes locais. As pistas da estrada ficaram congeladas e vimos muitos carros ao nosso redor perderem o controle. Foi uma experiência inesquecível e que nos causou muito medo! Após a visita aos meus irmãos, seguimos viagem e chegamos ao nosso destino. Foi emocionante voltar a Hiroshima e ver o quanto a cidade estava mudada e bonita. Meu coração se encheu de alegria quando vi que Hiroshima havia recuperado toda a vida que a bomba atômica lhe havia tirado.

Durante nossa permanência de três meses, lutamos para obter nossas carteiras de sobrevivente e tentamos divulgar a nossa associação para conseguir algum tipo de auxílio. Fomos a diversos órgãos oficiais, nos quais recebíamos sempre a mesma resposta: "Vocês deixaram seu país natal, portanto não podem mais esperar o auxílio do Japão. Sugiro que recorram ao governo brasileiro, ele que deve ajudá-los!". Vocês podem imaginar a nossa indignação diante dessa resposta. Ainda tentávamos dizer que éramos japoneses, não brasileiros; mas não adiantava. Era muito frustrante ver o descaso dos órgãos governamentais japoneses, que se recusavam a nos reconhecer como cidadãos japoneses.

Estando em território nipônico, não foi difícil conseguirmos nossas carteiras de sobrevivente. Eu tinha sido comprovadamente policial militar do Exército Japonês, e tinha pessoas que podiam servir de testemunha para provar que eu estava em Hiroshima no dia

6 e nos subsequentes. Minha esposa Ayako era funcionária pública da Província de Hiroshima e estava em serviço na repartição pública nesse dia e tinha testemunhas vivas. Foi uma grande emoção quando recebemos em nossas mãos as nossas carteiras de sobrevivente! Agora podíamos provar, sem dúvida, que éramos *hibakushas*. Naqueles tempos e por muitos anos mais, a única maneira de conseguir esse documento comprobatório dos sobreviventes era indo ao Japão, numa viagem que demora cerca de 24 horas contando somente o tempo de voo.

Antes de retornarmos para o Brasil, Tooro Tamura, nosso conselheiro, conseguiu agendar por meio de um parente seu, que era um político japonês, um encontro no Ministério do Exterior. O objetivo era solicitar a visita de uma comissão de médicos japoneses para que os sobreviventes que estavam no Brasil fossem examinados periodicamente, conforme já ocorria com aqueles que viviam nos Estados Unidos. Apesar de toda a nossa insistência, deixamos o Japão sem saber se o pedido seria atendido.

Outro momento especial dessa viagem foi poder reencontrar minha mãe. Meu pai, infelizmente, já havia falecido alguns anos antes, mas rever membros da família foi emocionante. Matamos as saudades e conversamos sobre a nossa vida no Brasil e nosso trabalho junto à associação. Havíamos partido com o plano de voltar após dez anos, mas esse retorno só aconteceu 28 anos depois, e ainda tínhamos de voltar para o Brasil. Era preciso continuar o que havíamos começado.

Numa manhã de sol, em dezembro de 1984, Ayako e eu estávamos abrindo as portas da nossa mercearia. Desde então, essa rotina faz parte da minha vida. Passo muito tempo aqui, trabalhando, conversando com *hibakushas*, atendendo meus amigos e clientes, cercado de muito carinho dos funcionários, que já são como meus familiares. E aqui sempre funcionou a nossa associação, recebendo amigos sobreviventes, dialogando com professores e jovens que querem saber sobre as histórias da bomba atômica. Felizmente, a nossa loja ainda conserva espaço para mim.

Continuando a trajetória da associação, em janeiro de 1985, dois meses após a nossa petição, o ministro do Exterior do Japão, Shintaro Abe – pai do atual primeiro-ministro japonês Shinzo Abe –, divulgou a informação de que uma comissão de médicos faria uma visita para atender os sobreviventes da bomba atômica residentes na América Latina, incluindo a cidade de São Paulo. Diante disso, mostrava-se muito importante a conclusão do cadastro dos sobreviventes e a atuação da associação. O pequeno passo que havíamos dado nos trouxe uma grande vitória e nos deu ainda mais força para continuar em direção aos nossos objetivos.

A primeira comitiva dos médicos japoneses estava chegando. A quantidade significativa de sobreviventes possibilitou ao governo japonês montar uma comitiva composta de médicos e diversos agentes do governo para a realização de consultas e pesquisas em São Paulo. Os agentes do governo vieram para entrevistar todos os membros cadastrados da nossa associação e certificaram que eram realmente sobreviventes das bombas atômicas. A partir disso, todos eles foram reconhecidos como *hibakushas*. Felizmente, não havia nenhum membro do nosso cadastro considerado inelegível. Desde então, a cada dois anos, uma delegação médica do Japão vem ao Brasil para assistir o estado de saúde dos

> Desde então, a cada dois anos, uma delegação médica do Japão vem ao Brasil para assistir o estado de saúde dos sobreviventes da bomba atômica.

sobreviventes da bomba atômica, e também para avaliar e entrevistar os novos inscritos que, após a confirmação, passam a fazer parte da associação.

As consultas e visitas da delegação japonesa continuaram a ser feitas, mas ainda não havia tratamento disponível ou alguma compensação financeira fornecida pelo governo japonês. Ayako e eu continuamos nossas viagens anuais para o Japão com o objetivo de conseguir mais auxílio. Com o tempo, a delegação começou a receber muitas críticas, pois as consultas eram muito curtas e nenhum tratamento era possível. Afinal, por que consultas se não faziam o tratamento? O tratamento só era possível para aqueles que se dispunham a ir para o Japão; embora o governo japonês custeasse a viagem, muitos não tinham condição física para tal. O resultado era sempre frustrante para os sobreviventes.

Nossos esforços até então não tinham sido suficientes, mas não desistiríamos. Para que o governo japonês nos desse a devida atenção, seria preciso levar a batalha para outro nível. Estreitamos os nossos laços com os *hibakushas* residentes nos Estados Unidos e na Coreia. Eles também tinham suas associações e lutavam contra o governo japonês com os mesmos objetivos. Tínhamos de estar unidos para um bem comum. Afinal, onde quer que estivéssemos, continuávamos sendo *hibakushas*, não tínhamos como escapar.

Não restava escolha senão processar o governo japonês, e foi o que fizemos. Com a ajuda do grupo de apoio à nossa causa no Japão, liderado pelo professor Kazuyuki Tamura, além do apoio dedicado do advogado Shuichi Adachi e outros, iniciamos vários processos judiciais contra os governos de Hiroshima e de Nagasaki, culminando no Supremo Tribunal Federal. Iríamos exigir o que nos era de direito. Nessa luta foi crucial o apoio de muitas pessoas de vários lugares do Japão. Ao lembrar o rosto deles, muitos já falecidos, uma grande emoção me invade. Todos lutaram e ainda

> Todos lutaram e ainda lutam conosco pelas nossas causas! Fazem de tudo, sem ter nenhum tipo de benefício próprio, pois acreditam que o direito deve ser de todos os *hibakushas*, indistintamente. Orgulho-me muito de ter amigos como eles.

lutam conosco pelas nossas causas! Fazem de tudo, sem ter nenhum tipo de benefício próprio, pois acreditam que o direito deve ser de todos os *hibakushas*, indistintamente. Orgulho-me muito de ter amigos como eles.

Após muitas causas ganhas nos tribunais, a situação veio a melhorar vagarosamente. O auxílio financeiro só foi conquistado em 2005 e, desde então, eu e todos os membros da Associação recebemos uma pequena quantia para tratar de nossa saúde. A quantia não é alta, mas representa para nós uma grande vitória: finalmente o governo japonês reconhece sua culpa e a necessidade de compensar todos aqueles que sofreram o pior ataque já feito contra a humanidade. É uma pena que muitos sobreviventes não tenham vivido o bastante para presenciar essa conquista.

O objetivo pelo qual a associação foi fundada, que era o auxílio à saúde dos sobreviventes, estava sendo cumprido. Mas, para isso, tivemos a ajuda de muitas pessoas, comovidas pela nossa história. Como poderíamos retribuir a nossa gratidão a essas pessoas? Então percebemos que poderíamos ampliar nossa atuação e trabalhar pela paz, já que o grande vilão de tudo é a guerra! A guerra trouxe o sofrimento e a bomba atômica. Foi assim que ficou clara a necessidade de divulgar nossa história e, desse modo, chamar a atenção para as consequências de uma guerra.

Na década de 1990, a convite do governo japonês, a associação intermediou a ida de médicos brasileiros para estagiar em Hiroshima e Nagasaki. Nesse estágio, os médicos que vão para o Japão entram em contato com as últimas pesquisas na área das doenças causadas pela radiação, no Centro de Estudos da ABCC, atualmente administrado por japoneses e norte-americanos. Esse intercâmbio se mantém regular até os dias de hoje. Anualmente são escolhidos cerca de quatro profissionais da área médica para participar desse projeto. Nesse mesmo cenário, em 2008, ano em que se comemorou o centenário da imigração japonesa no Brasil, por iniciativa da associação e do Hospital Santa Cruz, foi assinado um acordo de irmandade entre a Associação Paulista de Medicina, na época representada pelo seu presidente, doutor Jorge Carlos Machado Curi, e a Associação Médica da Província de Hiroshima, também representada por seu presidente na época, doutor Shizuteru Usui, para um maior intercâmbio dos médicos das duas entidades.

Dentro desse contexto, a doutora Maria Vera Cruz de Oliveira Castellano, médica pneumologista, dedicada defensora dos funcionários que foram contaminados com material radioativo da empresa estatal que pertenceu ao programa nuclear brasileiro, a Nuclemon de São Paulo, teve oportunidade de conhecer os centros de estudos e tratamentos das vítimas de diversos tipos de radiações em Hiroshima. Ela foi beneficiada por um dos intercâmbios que ajudamos a promover. Temos contatos com o grupo de trabalhadores da Nuclemon desde 2009. É interessante dizer que médicos da Associação Médica da Província de Hiroshima visitaram Goiânia diversas vezes após o acidente com o césio-137 que ocorreu em 1987, o maior acidente radioativo em área urbana do mundo. Foi também em setembro de 2009 que diretores da nossa associação viajaram para Goiânia, com dois jovens mensageiros da paz, Koshiro Kusano do Japão, e Keunwoo Lee, da Coreia do Sul, recém-ingressados nas universidades de seus respectivos países, para dar apoio às vítimas do césio que lutam pelos direitos a uma assistência governamental.

Outra atividade que marcou a Associação dos Sobreviventes da Bomba Atômica no Brasil foi a nossa participação no movimento Mensageiros da Paz de Nagasaki. O Mensageiros da Paz é um movimento surgido no Japão, em 1998, que questiona a Índia e o Paquistão por fazerem testes nucleares. Liderados pelo professor Nobuto Hirano, um colaborador assíduo das causas dos *hibakushas* residentes no exterior, jovens estudantes de Nagasaki vêm se organizando para coletar assinaturas contra o uso de armas nucleares. Esse movimento é bastante reconhecido na Organização das Nações Unidas (ONU), pois cada vez mais envolve estudantes do mundo inteiro. Assim, em 2007 fomos convidados por essa organização para escolher dois estudantes do ensino médio que se tornaram os primeiros Mensageiros da Paz do Brasil. Marcelo dos Santos Cremer, de São Paulo-SP, e Priscilla Yumiko Fujikawa, do Rio de Janeiro-RJ, tiveram a honra de visitar Nagasaki, Hiroshima e fazer um pronunciamento em inglês na sede da ONU, em Genebra (Suíça). Em 2012, Daniela Sousa e Vinícius de Carvalho, estudantes da ETEC Takashi Morita, de São Paulo-SP, foram contemplados com a mesma honraria.

Nossa associação estava ampliando o seu foco, o movimento em prol da paz. Assim, pensamos por bem mudar o nome da nossa entidade para: Associação Hibakusha Brasil pela Paz. Aos poucos, os convites para dar palestras em escolas aumentaram, e pude contar sobre minha experiência para muitos jovens. Em 2008, fui convidado pela ONG japonesa Peace Boat para participar de uma viagem. A Peace Boat viaja pelo mundo com o objetivo de disseminar a paz e defender os direitos humanos e o desenvolvimento igualitário e sustentável, além de lutar pelo respeito ao meio ambiente; sua missão tem muito em comum com nossos ideais. Eles convidaram cem sobreviventes de Hiroshima e Nagasaki para viajar por três meses no navio da ONG pelo mundo, contando nossas histórias por onde passávamos. Foi uma

> Eles [membros da ONG Peace Boat] convidaram cem sobreviventes de Hiroshima e Nagasaki para viajar por três meses no navio da ONG pelo mundo, contando nossas histórias por onde passávamos.

experiência maravilhosa e da qual nunca vou me esquecer! Nessa viagem, que se iniciou em Yokohama, no Japão, paramos em 23 locais, em vinte países diferentes. Passamos por lugares como o Vietnã, onde fizemos visitas a escolas, ONGs e associações culturais para falar sobre o perigo da radiação. Nessa viagem, esteve comigo a senhora Junko Watanabe, diretora da nossa associação. Ela, sendo muito mais jovem, cuidou de mim e juntos aproveitamos e aprendemos muito.

A experiência, porém, que deveria durar três meses, acabou durando quatro, pois foi necessário trocar de navio em virtude de um problema mecânico. No período em que o navio ficou parado, foram escolhidos três sobreviventes para viajar a Nova York e fazer um depoimento na ONU. Fiquei muito feliz e surpreso quando me selecionaram e pude, mais uma vez, estar nos Estados Unidos.

Essa passagem por Nova York foi muito agradável para mim. No hotel em que estávamos, concedi diversas entrevistas, em que falei sobre minha experiência. Os jornalistas estavam muito curiosos para ouvir minha história. Outro momento muito marcante foi uma palestra que dei em uma escola, onde um jovem norte-americano se levantou, chorando, e me pediu desculpas pelo que o seu país havia feito a mim e ao meu povo. Eu, que não guardo rancor nem mesmo culpo os Estados Unidos pelo que aconteceu, respondi: "Você não tem que pedir desculpas! Não foi você, não foi seu povo, toda a culpa é da guerra". Nesse momento, acredito ter plantado nesse jovem a semente da paz e espero que ele possa cultivá-la e espalhá-la a todos ao seu redor.

Pude participar novamente do Peace Boat em 2010, e mais uma vez foi uma experiência muito enriquecedora. Dessa vez, saímos do Rio de Janeiro e visitamos alguns países da América do Sul como palestrantes convidados.

É alarmante e muito triste saber que há muitos países que já tiveram problemas com radiação, que pode ser muito prejudicial à saúde. Como dito anteriormente, isso já aconteceu até no Brasil, quando, em setembro de 1987, em Goiás, uma única cápsula com césio foi descartada incorretamente e a radiação causou problemas à saúde de muitas pessoas na região. Esse é um inimigo perigoso, que pode estar muito próximo de todos nós.

As atividades da nossa associação foram muito bem apresentadas e documentadas pelo cineasta argentino Roberto Fernandez, radicado no Brasil. Com auxílio da Fundação Japão, concluiu um documentário, *08:15 de 1945*, apresentado ao público em 2012. Esse filme teve a sua versão em japonês feita pelo diretor Seiji Arihara, um ativista conhecido no Japão pelos seus lindos filmes em estilo de mangá que relatam temas da bomba atômica.

Em 2011 tive a honra de ter meu nome escolhido para uma escola técnica estadual na cidade de São Paulo. A ETEC Santo Amaro passou a se chamar ETEC Takashi Morita a partir de 22 de julho de 2011, pela Lei 14.497/11, apresentada pelo deputado estadual Carlos Giannazi (PSOL-SP). Nessa escola, não só a minha história como também a da bomba atômica de Hiroshima se tornou muito conhecida.

Em junho de 2015, recebi o título de cidadão paulistano, na Câmara Municipal de São Paulo, pela iniciativa do vereador Toninho Vespoli (PSOL-SP). Fiquei muito emocionado pela homenagem que recebi desta cidade, que, de braços abertos, em março de 1956, recebeu a minha família. Participei também de uma peça do dramaturgo Rogério Nagai, intitulada *Os três sobreviventes*, na qual relato minha história ao lado dos meus companheiros Junko Watanabe e Kunihiko Bonkohara.

A Associação Hibakusha Brasil pela Paz permanece em atividade até hoje. Quase todos que faziam parte da diretoria inicial faleceram, exceto eu e minha filha, que coordena o setor em português. Lembro com muito carinho de todos os meus companheiros que se foram. Atualmente conto com a dedicada ajuda do vice-presidente, senhor Kunihiko Bonkohara, dos diretores senhora Junko Watanabe e professor André Lopes Loula, além da minha filha, Yasuko Saito.

Sempre contei com a ajuda dos meus filhos, tanto na associação como na mercearia e na vida pessoal, o que me deixa muito grato. Essa ajuda foi especialmente importante quando perdi minha companheira de toda a vida, Ayako. Moro com meu filho Tetsuji e minha nora Clara desde que abrimos a loja. A dedicação e o carinho deles sempre foram a energia que Ayako e eu tínhamos para nos empenhar no trabalho da associação. Em torno de 2005, Ayako começou a apresentar sinais de perda de memória e dificuldade de comunicação. Logo foi diagnosticada com a doença de Alzheimer. Perdi minha companheira pouco a pouco e, até hoje, sinto o vazio que ela deixou. Ela faleceu em 2009. Apesar de sentir muito a sua falta, sou grato e feliz pelos momentos que passamos juntos e por tudo o que superamos em décadas de casamento. Ayako não passou pela vida em vão, ela deixou uma marca no mundo.

Hoje, aos 95 anos, continuo minha missão pela paz. Não quero que mais pessoas passem por experiências como a minha. Para isso, divulgarei minha história, a história do que aconteceu em Hiroshima e Nagasaki. Sei que não sobrevivi ao pior dia da minha vida sem um motivo maior, então honrarei a vida até o fim – a minha e a de todos os que habitam comigo este planeta.

- *onze* -

A HISTÓRIA DE SADAKO E O *TSURU*

A AVE *TSURU* – conhecida como grou em português e comumente representada por um origami (dobradura de papel) – é considerada sagrada no Japão. Em razão da Segunda Guerra Mundial e da bomba atômica, o origami do *tsuru* hoje é reconhecido também como um símbolo da paz. Essa é uma história que teve início com Sadako, uma menina japonesa que nasceu durante a guerra.

Sadako Sasaki nasceu em Hiroshima, em uma família que possuía uma barbearia na cidade. No dia 6 de agosto de 1945, quando a bomba foi lançada, Sadako tinha apenas 2 anos. Com essa idade, não poderia ter lembranças desse dia, mas suas consequências logo se fariam sentir.

Sadako estava com a mãe e o irmão a 2 quilômetros do epicentro quando a bomba foi detonada. Eles não tiveram contato imediato direto com a radiação, mas, ao fugirem de casa, ficaram sob a chuva negra, que é tóxica. Isso causou a morte de Sadako.

Ela viveu uma vida normal até que, aos doze anos, se sentiu mal durante uma aula de Educação Física, foi diagnosticada com leucemia e teve de ser internada. Sadako havia desenvolvido a "doença da bomba atômica", ou "doença de *pika-don*", como era chamada em japonês. *Pika-don* é uma onomatopeia, figura de linguagem muito utilizada no Japão, *pika* significa "raio", *flash* de luz muito forte, e *don* diz respeito ao barulho causado pela detonação da bomba. Sadako foi diagnosticada com leucemia no mesmo período em que eu também sofria dessa doença. Ela foi uma das vítimas do ciclo de doenças causadas pela radiação.

Sadako, tão jovem e até então cheia de vida, recebeu dos médicos a notícia de que teria apenas mais um ano de vida e ficou muito triste. Não conseguia aceitar o fato de que viveria tão pouco. Já internada, recebeu a visita de sua amiga Chizuko Hamamoto, que lhe contou a "lenda dos mil *tsurus*". A lenda era assim: o *tsuru*, a ave da longevidade, tinha o poder de realizar desejos. Para que o pedido fosse realizado, era necessário que se fizesse mil origamis do *tsuru*. Sadako, ao ouvir a lenda, ficou muito impressionada.

Ela não perdeu tempo e começou a fazer os origamis com o coração renovado de esperança. Para demonstrar o quanto estava empenhada em manter a sua vida, Sadako passou a fazer origamis de *tsuru* cada vez menores, que exigiam maior habilidade. Como papel era um artigo difícil de se conseguir na época, Sadako utilizava qualquer pedaço de papel que encontrava, empregando até papel que embrulhava doces e balas para fazer as dobraduras. Infelizmente, Sadako não teve o seu desejo realizado. No dia 25 de outubro de 1955, ela fez seu último *tsuru*, agradeceu aos que a cercavam e faleceu rodeada por seus familiares.

Ela e sua família são mais um exemplo das consequências da guerra e da bomba atômica. O fato mais triste foi que encontraram debaixo do seu leito anotações diárias com dados sobre seus exames de sangue, comprovando que ela estava muito ciente do seu estado de saúde. Ela tinha apenas 12 anos, mas, sem que ninguém percebesse, pois sempre parecia estar ansiosa em se recuperar, estava assistindo à sua morte chegar. Esses fatos eu ouvi do irmão da Sadako, em agosto de 2015, quando ele e seu filho estiveram conosco em São Paulo.

- A HISTÓRIA DE SADAKO E O *TSURU* -

Ao saberem da notícia, os colegas de Sadako e muitos japoneses ficaram tocados pela sua história e decidiram continuar a fazer os origamis, iniciando uma campanha de arrecadação de fundos para a construção de um monumento em homenagem a Sadako. A campanha mobilizou até cidades fora do Japão. Em 5 de maio de 1958, data em que se comemora o Dia das Crianças no Japão, foi inaugurado no Parque da Paz, em Hiroshima, o Monumento das Crianças à Paz. Desde então, o *tsuru* se tornou um símbolo da paz, e todo ano pessoas do mundo inteiro enviam origamis às cidades de Hiroshima e Nagasaki. Isso acontece até hoje e é uma demonstração de quanto as pessoas anseiam pela paz.

Junko Watanabe, sobrevivente da bomba, assim como eu, tinha a mesma idade de Sadako quando a bomba atômica foi lançada sobre Hiroshima. Em um evento na sede das Nações Unidas em Nova York, no qual a senhora Junko e eu participávamos, encontramos o irmão de Sadako. O senhor Masahiro Sasaki, junto de seu filho, o músico Yuji Sasaki, continuam um movimento pela paz, propagando a história de Sadako pelo mundo. Eles começaram a conversar com Junko e descobriram várias coincidências entre a história das duas meninas. Junko, então, identificou-se com Sadako, que infelizmente ela não pôde conhecer em vida, e assumiu a missão de divulgar o "legado de paz de Sadako". Naquela ocasião, o senhor Sasaki prometeu doar para nossa associação um dos últimos *tsurus* dobrados por Sadako. Esse seria o primeiro *tsuru* da Sadako que chegaria à América Latina. A senhora Junko e toda a diretoria da Associação Hibakusha Brasil pela Paz se empenharam muito em achar um local perfeito para abrigar um símbolo tão importante. Finalmente, no dia 1º de setembro de 2015, foi realizada na Assembleia Legislativa do Estado de São Paulo uma cerimônia solene pela paz, seguida da entrega do *tsuru* da Sadako, trazido pessoalmente pelo senhor Masahiro Sasaki para a senhora Junko Watanabe, que representava a nossa associação. Ela era a pessoa mais adequada para recepcionar essa preciosidade. Em seguida, em nome da nossa associação, a senhora Junko e eu entregamos o *tsuru* da Sadako para a Assembleia Legislativa de São Paulo, representada na ocasião pelo deputado estadual e amigo colaborador nosso, professor Carlos Giannazi. Tenho muito orgulho de ter participado desse evento junto à Associação Hibakusha Brasil pela Paz. Foi também entregue à Assembleia um quadro do artista plástico Kaoru Ito, sobrevivente de Nagasaki e membro da nossa associação. Esta obra de arte foi pintada misturando na tinta as terras de Nagasaki e de São Paulo, representando a prece de paz do autor.

A Assembleia Legislativa de São Paulo tornou-se a moradia permanente do *tsuru* da Sadako no Brasil. Todas as pessoas que queiram conhecer a história de Sadako poderão ir e ver o pequeno *tsuru* que ela dobrou, sonhando pelo milagre de continuar viva. Ele representa muito bem o desejo de todos aqueles que já foram afetados por uma guerra: o desejo de viver.

- EPÍLOGO -

Era uma manhã de sexta-feira, em fevereiro de 2002. Em minha loja, estavam meus filhos, meu genro e minha nora, além dos funcionários. Naquela época, havia sido diagnosticado com diabetes na consulta feita no Japão e, por sugestão do médico, usava uma injeção de insulina, para controle da doença, ainda que sem o conhecimento de minha família.

Eu não havia contado nada a respeito, pois não queria preocupar ninguém, e também porque temia a restrição alimentar que minha esposa Ayako, junto de minha filha, iria impor. Nesse dia, alguns minutos após eu ter aplicado a injeção, perdi completamente os sentidos e desmaiei na frente de todos. Meus familiares ficaram muito assustados, e meu genro, que é médico, tomou a frente da situação. Assim que recuperei a consciência, ele me levou para o hospital mais próximo. Eu estava sofrendo um problema cardíaco!

Para minha sorte, no Hospital Santa Cruz fui atendido prontamente pela senhora Yuli Fujimura, responsável pela assistência aos pacientes japoneses. Ela me encaminhou diretamente para o médico especialista. Em menos de 3 horas do início dos sintomas, tinham feito o tratamento completo para desobstruir as veias afetadas. Passei por uma cirurgia de emergência, em razão de um princípio de infarto do miocárdio e precisei ficar internado na UTI. Mais uma vez, estive entre a vida e a morte.

Ao meu lado, no hospital, havia diversas pessoas que viviam seus últimos momentos. Muitos deles eram imigrantes japoneses de idade avançada; eles gemiam e murmuravam em japonês, trazendo-me de volta à imagem do sofrimento que presenciei no dia dos bombardeios. Algumas dessas pessoas morreram enquanto eu ainda estava ali.

- A ÚLTIMA MENSAGEM DE HIROSHIMA -

Uma vez mais, perguntei-me se iria sobreviver até o dia seguinte. Era uma sensação conhecida para mim: experimentei-a logo após meu nascimento; mais tarde, durante o bombardeio em Tóquio; na viagem de Tóquio a Hiroshima, na qual fomos perseguidos por caças norte-americanos; no dia da bomba atômica; durante a passagem do tufão Makurazaki, que destruíra, um dia depois de minha alta, o hospital em que eu ficara internado; e quando fui diagnosticado com leucemia, anos depois em Hiroshima... Em todas essas ocasiões nas quais minha vida esteve por um fio, o destino decidiu mantê-la.

Sete chances de morrer.

Sou muito grato por ter sobrevivido a todas elas, por chegar aos 93 anos e poder contar minha história. Mas, de todas essas provas, a mais dura foi a bomba atômica. Durante todos os outros momentos difíceis que enfrentei, essa lembrança não deixou de me acompanhar. Apesar de ter sobrevivido à bomba, ela se tornou uma parte da minha vida.

O mais triste é pensar que pessoas tenham sido capazes de causar tamanha destruição a seus semelhantes. Ainda assim, não posso acreditar que a guerra esteja na alma do ser humano, que nosso desejo seja a destruição. Não posso e nunca vou acreditar nisso.

No entanto, vejo, com muita tristeza, que as guerras continuam acontecendo. Hoje, podemos assistir em tempo real a tudo o que acontece nelas. Também podemos pesquisar e saber que mais de trinta países já sofreram graves consequências por causa da energia nuclear. Mesmo com alegações de que o uso pacífico da energia nuclear traz muitos benefícios à humanidade, não consigo acreditar que ela possa ser domada pelo homem.

Temo que sejamos surpreendidos novamente, como aconteceu em Fukushima. Lá, havia usinas nucleares consideradas as mais seguras do mundo, num país onde a segurança é estudada com muita seriedade. Mas soubemos que houve muitas falhas humanas que não

- EPÍLOGO -

conseguiram se sobrepor ao desastre da natureza, um terremoto de intensidade inimaginável.

Mais uma vez o Japão teve de encarar um desastre nuclear, resultando em inúmeros *hibakushas*, que tiveram suas vidas destruídas pela discriminação e problemas de saúde. Será que nunca aprenderemos? Novas pesquisas estão sendo necessárias para desvendar esse outro tipo de afetados da radiação.

Tive também a oportunidade de conhecer Angra dos Reis (RJ), onde ficam as usinas nucleares brasileiras. Um lugar tão bonito que está sob o risco de vazamentos que contaminariam e destruiriam toda a beleza da região. Além disso, não há planos de fuga e resgate da população em caso de acidente, o que faz com que as pessoas que moram na região vivam constantemente sob tensão. Não me canso de alertar para os perigos da radiação. Por isso, apoio o trabalho da Coalizão por um Brasil Livre de Usinas Nucleares liderado pelo arquiteto, ex-deputado e importante ativista nas causas ambientais, Chico Whitaker e sua esposa, Stella. Ao vê-los sempre juntos trabalhando por seus ideais, relembro de minha esposa, Ayako, que sempre esteve ao meu lado lutando em busca dos nossos objetivos.

Sei que a humanidade e a radiação não conseguem conviver em harmonia. Mesmo assim, vários países ainda investem em energia nuclear, inclusive o Brasil. Será que vale a pena? Para mim, NÃO!

A lembrança daqueles dias, da destruição de toda uma cidade em segundos, de tantas mortes sem sentido, do sofrimento das pessoas perdendo seus entes queridos sem poder fazer nada, tudo isso me faz ter a certeza de que não vale a pena.

E as consequências não acabaram com o fim da guerra. Para todos os *hibakushas* restou uma vida de incerteza em relação à sua saúde, sempre com o temor de manifestar aquela "doença de *pika-don*" que os acompanharia em sua mente enquanto vivessem. E muito mais do que isso, o medo de ser discriminado, de ter algum dos seus descendentes com deformidades provocadas pela exposição às radiações atômicas, toda essa incerteza gerou em muitos sobreviventes problemas físicos e psicológicos. As pesquisas sobre os efeitos dessa radiação continuam ainda hoje.

Sei que nunca saberei sobre os resultados dessas pesquisas, assim como nunca relataram sobre o meu estado de saúde quando fiz muitos exames no Centro de Pesquisas Americanas montado no topo do monte Hijiyama em Hiroshima, alguns anos após o fim da guerra.

Não saberei, mas talvez essas pesquisas, se utilizadas e divulgadas corretamente, possam um dia impedir a detonação de alguma arma nuclear no futuro... Espero que NUNCA mais se repita esse dilema. Bomba atômica NUNCA MAIS!

Foi com imenso pesar no coração que relembrei esses tempos e contei minha história até aqui. No entanto, sei que minha experiência pode ajudar outras pessoas a perceber as consequências de uma guerra, os riscos da energia nuclear e o que pode acontecer quando estamos cegos por algum idealismo radical e egoísta.

Acredito que saber a verdade dos acontecimentos, conhecer as histórias vivas, seja um passo importante para que tornemos o mundo um lugar melhor para todos.

Vou continuar contando minha história e acreditando na paz.

Espero que outras pessoas possam se juntar a mim, pois esse é um caminho longo, o qual não podemos trilhar sozinhos.

- CARTA DE AGRADECIMENTO -
por Yasuko Saito

Em nome da família Morita e da Associação Hibakusha Brasil pela Paz, gostaria de fazer algumas menções e alguns agradecimentos especiais às pessoas sem as quais este livro e muitas das histórias contidas nele não chegariam à apreciação dos leitores.

Primeiramente gostaria de agradecer ao professor André Lopes Loula, diretor cultural da Associação Hibakusha Brasil pela Paz, que possibilitou que a história de Takashi Morita fique registrada para as futuras gerações. E agradecemos também a toda a equipe da Editora Universo dos Livros que colocou esse projeto em prática. Gostaria de agradecer também à jornalista Denise Bertola, que, com muito conhecimento, dedicação e entusiasmo, ajudou-me na revisão dos textos.

Queria também deixar um registro especial às lembranças de minha mãe, Ayako, parceira inseparável de meu pai, que vieram à tona ao reler toda a história que viveram juntos. São preciosas recordações dos momentos que vivemos como família. Gostaria que o leitor conhecesse também o lado humano de Takashi Morita, como pai e marido dedicado à família. Sua história é muito intensa.

O destino sempre lhe trouxe obstáculos difíceis, mas ele enfrentou tudo com muita sabedoria e humildade. Como filha, o que mais admiro nele é o amor que compartilhava com minha mãe. Eles formavam um casal perfeito aos meus olhos. Como japoneses da geração antes da Segunda Guerra Mundial, não eram de demonstrar afeições aparentes, mas, mesmo assim, muitos vizinhos percebiam o carinho que existia entre os dois. Trabalhavam juntos e discutiam sempre, pois ela tinha uma personalidade forte e opiniões próprias, as quais ele respeitava muito. Quando o assunto da conversa eram lembranças da época da guerra e da bomba atômica, os dois representavam verdadeiros companheiros sobreviventes. Compartilhavam experiências, lembranças, temores e sobretudo, esperanças.

 Acredito que foram pessoas ideais para presidir a nossa associação e ajuda-lá a chegar ao patamar que chegou, com ajuda de muitos colaboradores. É uma pena que minha mãe não esteja conosco agora. Não conseguiu ver muitas das vitórias e conquistas que chegaram após seu falecimento. Na época da fundação, era ela quem escrevia, à mão, todas as cartas e petições às autoridades do governo japonês; não havia máquina de escrever em japonês naqueles tempos. Nos anos 1990, ela fez questão de adquirir um processador de texto em japonês e o dicionário eletrônico, uma tecnologia nascente na época. Ayako gostava muito de estar acompanhando a evolução da era digital. Seus olhos brilhavam quando encontrava novidades como uma agenda eletrônica, ela a adquiria e tentava aprender e utilizar o equipamento com muita alegria. Seu espírito era muito jovial – o casal era muito parecido nesse aspecto.

 Uma lembrança em especial sempre me traz muita emoção. Na época em que estavam comemorando as bodas de ouro, ela fez uma descoberta maravilhosa! Quando contou esse episódio para mim, mamãe parecia uma garota apaixonada, radiante. Uma noite, conversando com meu pai, como de costume, o assunto foi sendo desenvolvido em torno dos acontecimentos da juventude, da época em que moravam em Hiroshima. Ela contava sobre o colégio onde estudava e se lembrou do dia em que foi à cerimônia de inauguração do novo estádio poliesportivo da cidade, quando todos os estudantes de Hiroshima foram convocados a comparecer. Acontece que isso foi um dia antes do ataque japonês a Pearl Harbor, que desencadeou a guerra contra os Estados Unidos e, por isso, ficou ainda mais gravado na sua memória. Ela perguntou ao marido se ele havia comparecido ao evento e também se ele se lembrava de um jovem que, em nome de todos os estudantes da cidade, fez um belo

- Carta de agradecimento -

discurso para o público presente. A resposta do meu pai foi imediata e simples: "Lembro, sim! Lógico que me lembro dele. Esse rapaz era eu mesmo!". Imagino a surpresa e a felicidade dela ao saber que a imagem de um jovem, que ficou na sua memória na mocidade, era a do próprio marido com quem vivia junto havia tanto tempo! E como aconteceu de nunca terem comentado sobre esse evento antes daquele dia!

Senti como se estivesse ouvindo um conto de fadas, fiquei muito feliz em saber desse episódio romântico da vida de meus pais. Mas o destino começou, aos poucos, a tirar as lembranças de minha mãe. Pouco a pouco, ela foi se retirando da vida terrena, talvez para que a família fosse aceitando a sua ausência aos poucos e tornar o nosso sofrimento um pouco menos doloroso. Desde então, meu pai sempre carrega uma foto dela, esteja onde estiver, nas palestras, nas viagens, ela sempre o acompanha. E, com certeza, seu espírito está sempre conosco, principalmente com Takashi.

Hoje, com 93 anos muito bem vividos, papai parece estar em paz com sua vida, apesar das conturbações da sociedade. A sua felicidade estampada no rosto quando interage com jovens brasileiros que lhe transferem a energia de estar vivo, traz uma certeza para mim: foi o destino que o trouxe ao Brasil, aqui ele tem uma missão a cumprir!

Aqui, do outro lado do planeta, muito longe de onde ele nasceu, é o seu lugar!

Cercado pelo carinho da juventude brasileira, recebendo muitas homenagens da sociedade, Takashi ainda tem muita motivação para viver. Os amigos, os *hibakushas*, a família, todos precisam dele, e ele ainda está firme, conosco! Muito obrigada a todos que se envolveram neste livro e na vida de Takashi Morita. São tantas as pessoas que tornaram sua vida especial, não consigo citar todos os nomes, pois estaria sendo injusta com muitos. Por isso, em nome da família Morita, deixo aqui registrado os nossos sinceros agradecimentos a todos!